And the World He Created

改变世界

孔子

CONFUCIUS

［美］迈克尔·舒曼—著

路人虎 赵良峰—译

Michael Schuman

中国青年出版社

第五章 孔子：父亲 141

第六章 孔子：教师 173

第七章 孔子：『大男子主义者』 191

第三部分 孔子归来 217

第八章 孔子：企业家 219

第九章 孔子：政治家 251

第十章 孔子：走向未来 279

后 记 寻找真正的孔子 301

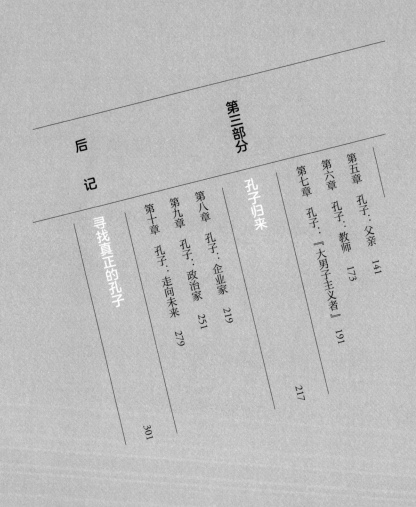

目　录

概　述　孔子影响世界　001

第一部分　从孔子到圣人　025

第一章　孔子：生平　027

第二章　孔子：圣人　065

第三章　孔子：王者　091

第四章　孔子：压迫者　117

第二部分　孔子与家庭　139

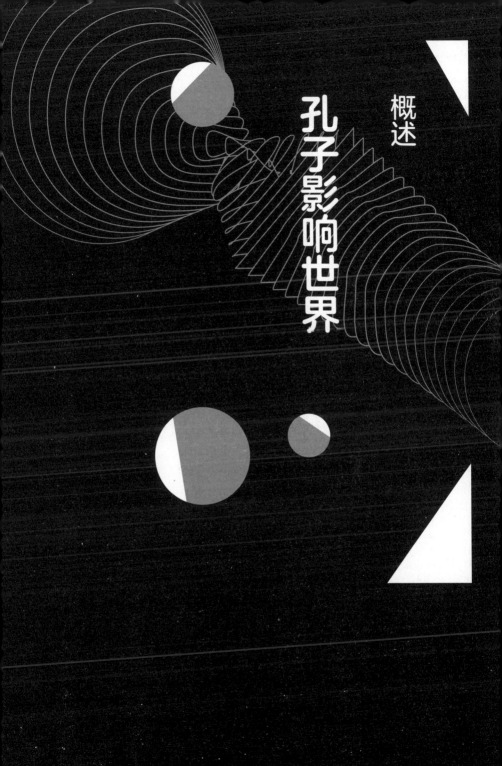

概述

孔子影响世界

一个生活在两千五百年前的中国人竟会闯入我的婚礼，让我始料不及。

　　2009 年春，我和女友尤尼斯马拉松式的恋爱终于修成正果。她是韩裔美国人，职业是记者。尽管婚礼的主要仪式按照犹太教－基督教正宗的白色婚纱习俗进行安排，但她还想加上韩国的婚礼形式．币帛礼。尤尼斯会身穿色彩艳丽的传统服饰——韩服，和我一起向她的父母鞠躬行礼。而父母则会把核桃、红枣放到她飘逸的长裙上，祝福我们多子多福。

　　听过尤尼斯介绍的币帛礼，我心里泛起阵阵反感。我对鞠躬深恶痛绝。况且这种仪式中的鞠躬要求循规蹈矩，毕恭毕敬地以额头磕地。作为犹太人，我从小到大听到的是这种教诲：人与人应该相互尊重，不应向对方低头。据犹太教教徒在普林节庆典中诵读的《圣经·以斯帖记》记载，由于一个犹太人拒绝鞠躬行礼，波斯官员出于报复几乎将当地犹太人屠杀殆尽。按照现代的宗教信仰，犹太人对上帝也很少行跪拜大礼。较为常见的礼节是膝盖微屈、头部微低，以表示对万能的上帝的敬重。在东亚，鞠躬是日常礼节，用来向别人，尤其是向地位较高的人，表示礼貌。人们向家长、单位领导、政府官员甚至大学的学长鞠躬。我有一个在东京工作多年的朋友开玩笑说："你在日本长期生活，打电话都会鞠躬。"

不过，向尤尼斯父母行的鞠躬礼与上述寻常礼节不同，具有更深刻的意义和内涵。与东亚其他地区一样，韩国的父母常常备受尊重。这种尊重在现代西方国家非常罕见。向尤尼斯的父亲鞠躬代表着我作为新女婿履行了应尽的义务。拒绝行礼就会导致婚前危机。如果我的新娘大发雷霆，后果不可想象。

我的窘境多拜孔子所赐。孔子，中国著名哲学家，生于公元前 6 世纪。在他眼中，孝道是社会和平、繁荣的基础。这一理念是孔子的核心思想，是他的流传最为悠久的一个观点。孔子认为，社会关系中最重要的是父子关系。儿子（我的情况是女婿）孝敬老人是至高无上的义务，是人类最基本的伦理道德。家庭礼仪与道德准则可以扩展到整个社会。一般来说，孝敬父母的人在学校、单位和宴会等场合能与别人得体地交往。孔子认为，家庭成员理解并履行自己的固有义务，世界也自然会井然有序。换言之，我向尤尼斯的父母鞠躬，能促进社会和谐，也能平衡人、我们所生活的世界和天之间的关系。

其中的责任确实重大。既然币帛礼有如此重要的寓意，我还是管好嘴巴，乖乖一头磕到地板上吧。孔子认为社会礼仪是社会成员和平共处、平等交往的基础，并希望人人遵守。但是我觉得我不是好儒生。我决心以身犯险，向尤尼斯坦白我对这种毕恭毕敬仪式的反感。没准我能逃过一劫。

不过我想错了。虽然尤尼斯在美国中西部出生、长大，并非韩国传统女性，但她能突然变成忠实的儒家，在涉及父母时尤为如此。她非常关心父母。我跟她一说我对币帛礼有想法，儒家传统——世界各地的韩国父母们埋在子女心中的核心家庭观念——就像深藏在心中某个不为人知角落的气泡一样浮出水面。她认为币帛礼非常重要，没有讨价还价的余地。她厉声说："克服一下。"我的耳畔似乎回响起圣人在坟墓中一边以拐杖地，一边厉声斥责我的声音。

所以我只好咬牙将意见放到一边。婚礼当天早上，我让小舅子詹姆斯给我讲了讲怎么鞠躬。我不能自由发挥，必须按照正确方式鞠躬。我们在酒店的走廊上找了一个僻静的地方，然后詹姆斯给我临时上了一课：首先站好，双手置于额头，大拇指和食指摆成三角形，然后屈身下跪，双手不要用来维持平衡，而要保持不动，接下来弯腰，双手和额头触地，保持几秒钟，抬头，手不动，磕头，保持跪姿，听父母讲完话后起立。

币帛礼一开始，我的心就开始怦怦跳。可以说，这是婚礼上最让我头疼的一部分。我的几个好友看到这一幕也无能为力。好在我完成了所有仪式，没出丑，也没失礼，这让尤尼斯的父亲很高兴。我长出了口气。接下来的事情出乎意料。尤尼斯的父母坚持让我们向我的母亲行币帛礼。尽管我的母亲非常清楚我不喜欢这种礼数，但她还是欣然接受。我沮丧地发现，她竟然兴致勃勃地看我给她磕头。我觉得我们在心里都是儒教教徒。

孔子闯入我的婚礼只是圣人的影响力延续至今的小例子。两千五百年前，孔子首次提出自己的思想。随后，他的思想为东亚各国接受，历经无数次政治动乱、经济变革以及外国学说、宗教和文化的冲击。虽然过去几十年东亚的现代化水平突飞猛进，但是不了解、不应对古老的孔子思想就无法与中国人、韩国人或日本人开展交往活动。孔子学说随处可见：在部级单位和议会大厦，影响官员制定政策、处理与公民关系；在企业董事会和工厂车间，指导首席执行官制定经营战略、管理人力资源；在学校课堂上，指引教师教育学生；在家庭中，指导夫妻关系。孔子影响着东亚人看待民主、教育子女、规划职业、处理同事关系以及理解自我的方式。不了解孔子就难以在东亚经商、与当地官员谈判、理解恋爱问题或领会现代东亚人的动机。

　　毋庸置疑，孔子足以成为史上最重要的人物。他的学说塑造了当今超过十六亿人——占世界人口的近四分之一——的日常生活，其影响范围北起中国南至印度尼西亚爪哇岛的广大地区。他对全球现代文化的影响仅次于基督教。即使东亚遭遇了外界文化的"狂轰滥炸"——从《圣经》到《哈利·波特》、从摩卡拿铁到麦当劳到布兰妮·斯皮尔斯，传统生活方式大多萎缩、改变或消亡，但是孔子依然屹立不倒。孔子与亚伯拉罕（希伯来民族的创始人）、耶稣（基督教的创始人）、穆罕默德（伊斯兰教的创始人）、亚里士多德（古希腊著名思想家）、乔达摩·悉达多（佛祖）并驾齐驱，同为现代文明的奠基人。

尽管如此，多数西方人对孔子却知之甚少。这种情况其实极为危险。随着亚洲在全球具有越来越重要的作用，在全球经济和地缘政治中拥有了几百年未曾有过的影响力，孔子和他创造的文化也随之崛起。西方比以往更有必要了解孔子、他的思想和影响，只有这样，才能应对东亚新兴国家，才能理解该地区企业家、政治家和决策者的动机。美国和欧洲各国必须认识到东亚文明具有完全不同的哲学思想基础——从很大程度上讲，这一基础就是孔子的学说。

几个世纪以来，西方学者和政治家都在研究古希腊哲学家（亚里士多德、柏拉图、苏格拉底）、《圣经》、其他犹太教和基督教著作以及奠定现代西方社会基础的思想家，例如约翰·洛克（英国，1632—1704 年）、托马斯·霍布斯（英国，1588—1679 年）和亚当·斯密（英国，1723—1790 年），但是对东亚却缺少类似研究。历史上，儒家典籍是东亚行政机构、学术机构确定课程和社会话语权的意识形态的核心著作，为东亚学者、作家和官员广泛阅读。在中国古代，研读儒家学说、相关阐释性评注和文章是提高社会地位和发展事业的先决条件，是成为文明人所必需的基础教育。在一千九百年的时间里，只有掌握这些典籍的中国人才能踏上仕途。东亚道德标准的制定者不是摩西，而是孔子；公民和国家关系、个体在社会中的地位的定义者不是洛克或托马斯·杰佛逊（美国第三任总统，美国《独立宣言》主要起草人，1743—1826 年），而是孔子。儒家思想

007

不是影响东亚文明的唯一思想。例如，佛教也产生过重要影响。过去二百年，传入东亚的外来宗教和意识形态，譬如基督教和马克思主义，同样产生过重要影响。并且孔子远非亚洲历史上唯一的伟大思想家。有几位重要的思想家至今也仍然影响着东亚，比如道教的创始人老子。但是，孔子在如此长的历史时期内对东亚的影响力无人匹敌。东亚文明史实际就是儒家思想发展史。

也许很多人都能说出一个对自己生活产生过巨大影响的老师。新泽西克利夫顿中学的丹尼斯·哈丁老师培养了我对历史的浓厚兴趣。在我离开他的课堂将近三十年后，这种兴趣仍然激励我创作本书和其他著作。每次回家我都会在我父母家附近的餐厅见他，一起吃早饭。好老师不仅教学生解方程式、背总统名字，还塑造他们的信仰以及人生，培养他们学习和追求卓越的热情。

孔子也许是人类历史上最伟大的老师。尽管他曾是小有成就的政治家和官员，但是他的主要工作还是教书育人，所以在亚洲他以教师的身份名垂青史。《论语》是关于孔子的最著名的典籍，其中大部分内容记载的是他在教学中和弟子的言论，涉及美德、有道政府、人际关系、伦理和历史。孔子传播中国古典智慧、超越时空的道德准则和对人性的崇高憧憬，因此其思想至今仍能打动读者。他的弟子忠心耿耿，坚信他的学说，并代代相传。孔子逝世之后，每个世纪都会涌现新弟子学习、评注他的学说，甚至对其进行大刀阔斧的改造。最后这种思想流派演变成了东亚的主导性理论基础和意识形态。倘若孔子的弟子不将他的思想发扬光大，孔子也不会成为孔圣人。

千百年来，随着孔子与东亚社会融为一体，他也不再被仅仅当作老师。孔子变成了至圣，中华文明的奠基人和"素王"（素王是孔子另一尊称——译者）。尽管他从未加冕，但他是上天遴选的统治者。中国人和朝鲜人还以孔子为君子的典范。英国19世纪著名汉学家理雅各写道："在中国，孔子是集人类所有优秀品质于一身的典范，拥有所有社会美德和政治智慧。"在中国历史上，孔子曾一度被神化，拥有超人的神奇力量，具有圣徒般的相貌。有个神话认为孔子是神祇的儿子——就像珀尔修斯（古希腊神话中宙斯的儿子，半人半神）一样。祭孔大典已有约两千年的历史。中国每座重要城镇都有孔庙。甚至皇帝都朝他的牌位顶礼膜拜。朝廷对孔子的封谥也愈加显贵。公元1世纪，孔子被封为公，后来又被尊奉为大成至圣先师以及大成至圣文宣先师。国家赐予他的后代贵族地位和大片土地。

面对崇高的赞誉和盛大的典礼，孔子可能会面红耳赤。据我们所掌握的史料显示，孔子不但没有宣称自己不是凡夫俗子，甚至还说自己并非完人。孔圣人常常出人意料地贬低自己、淡化自己的智慧、质疑自己的道德品质并以清贫自嘲。他从未认为自己是圣人，更不必说超级英雄了。他曾坦白地说："文，莫吾犹人也。躬行君子，则吾未之有得。"

透过神话传说、谣言诽谤、歪曲的谎言以及过去两千年对于孔子的赞誉和毁谤去探索真实的孔子并非易事。现代语境中的孔子不是古典时代的孔子，甚至不是一百年前的孔子。20世纪的历史学家顾颉刚曾写道："各时代有各时代的孔子，即在一个时代中也有种种不同的孔子呢。各时代的人，他们心中怎样想，便怎样说，孔子的人格也就跟着他们变个不歇。害得一般人永远摸不清头路，不知道孔子的真面目究竟是怎样的。"孔子的应变能力和适应时代要求的能力让他充满活力、魅力无穷，让他历经千百年的风云变幻而屹立不倒。但是，这也让他变成了可能他自己都从未想成为的人。

在他的支持者和反对者看来，孔子不是真正的人，而是一个符号。他是中国传统文化的标志、帝制的图腾、人类元祖、压迫者的代表、变革之声、崇尚学术之人、公共关系的工具、精神领袖以及中国辉煌与衰落的象征。他既是革命者也是反动派，既是独裁者也是民主人士，是封建地主也是资本家，是睿智的学者也是愚蠢的骗子，是排外主义者也是全球主义者，是威权的柱石也是危险的异见者，是人文主义的楷模也是灵魂的摧残者。他既是中国经济腾飞的功臣也是中国经济衰落的罪魁，是文化原教旨主义者也是高瞻远瞩的救世主，是东亚强大的功臣也是本地区软弱的罪魁。在西方，孔子被认为是中华文明的化身，传播东方智慧的圣人和身穿得体长袍、长须飘洒胸前的智者。倘若孔子穿越到现代，他肯定都认不出现代的自己。

今天我们所知的孔子不只是中国人创造出来的。美国当代历史学家利昂内尔·詹森表示："现代孔子是中西方世俗和宗教人士用几个世纪塑造出来的产物。"詹森认为，16世纪抵达中国的耶稣会传教士参与塑造了孔子。他们试图用自己能够理解的方式解读这种新的外国文明，因此他们杜撰一个以ism（主义）结尾的词，以伟大的圣徒作为创立者。而这种形式中国人自己从未想到过。孔子的外文名Confucius也是耶稣会创造的，是中文孔夫子的奇怪音译。詹森断言："我们所了解的孔子是西方人通过想象虚构的人物。"

类似地，孔子所主张的学说与孔子本人一样难以解读。和历史上的孔子一样，他的学说被无数思想家、作家和帝王做过一遍又一遍的诠释、注解、扩展，有的还借鉴了对立学说和信仰的时髦思想和做法。结果儒家变成了包含传统、意识形态、仪式、理念和信仰的万花筒，发展出了迥异的分支。不同的流派展开论战、争论不休。在除中国外的亚洲各国，例如韩国和日本，孔子融入了当地的文化，孔子学说融合了当地的习俗和信仰。

儒家思想兼容并包的性质在亚洲人和非亚洲人中引发了持续至今的长期论战：儒学到底是什么。儒学常常和其他东方宗教，如道教和佛教，相提并论。在中国和韩国，仍有人在孔庙对孔子顶礼膜拜，几乎和膜拜佛祖的形式一样。儒家也提出了一套类似于《十诫》的教义和道德规范，用来指导人们的行为。

清朝末代皇帝的老师、汉学家庄士敦曾经说过："西方所公认的道德原则无不或直接或间接地体现在孔子学说中，基督徒式的美德也无不被孔子教义所宣扬。"

然而，稍稍深入研究儒家思想，就会发现将它和东西方宗教列入同一类别存在问题。儒家缺少现代宗教最明显的标志。它没有神职人员，没有教堂，也没有作为核心崇拜对象的神。尽管东亚很多人张口就承认自己深受儒家思想的影响，但几乎没人像世界其他主要宗教的信徒一样，如穆斯林、基督徒和佛教教徒，称自己为儒教教徒。据韩国首尔成均馆大学儒学教授朴光阳估计，韩国至少有十万人认为自己的信仰是儒教，在该国五千万的总人口中只占很小一部分，人数不算多。当有人问东亚人的宗教信仰时，他们常常回答信佛教或基督教，而把儒学归为文化或家庭传统。从这个角度上讲，儒学不是宗教，而是哲学、生活方式和伦理学说。

孔子在其学说中的作用也模糊了它的性质。与摩西和穆罕默德不同，孔子从未宣称他的学说是神的旨意。他甚至刻意将他的学说与宗教区别开来。古籍中提道："子不语怪力乱神。"孔子也没有回答过其他宗教创始人所痴迷的有关人类存在的深奥问题：我们从哪里来、我们为什么存在以及我们将去往哪里？他从未编造过世界诞生和人类起源的传说，也没提到过伊甸园、出埃及记和夺取麦加等创世性神话传说。他也没有臆测过来世。不过，他显然也相信人死灵魂不灭。孔子生前已经盛行祭祖。孔子也祭祖，但是他从未阐述过有关灵魂归宿的问题。实际上，他曾刻意回避过死亡话题。有个弟子问到这个问题时，孔子回答说："未知生，焉知死？"

孔子认为，研究这种问题等于浪费时间。他很现实，关注、解决的主要是人们在现实世界中所面临的问题。他致力于以德育人、倡导善政、重视家庭、促进社会繁荣。他以道德教育为目标，并主张将道德用于实践，以创造更美好的社会。在他看来，更重要（更实际）的任务是建设和谐社会，凭空臆测不可知的事物只会分散注意力。

孔子不愿跟弟子探讨来生，更想让他们关注今世。对坚持他的学说的人，孔子从不许诺物质和精神回报。没有天国之门，没有美丽的少女等待虔诚的信徒，也没有灵魂脱离肉身束缚的承诺。另外，孔子也不会以恐怖手段惩罚无视他的规劝的人。儒学中不存在恶魔，也不存在地狱；儒家也不相信轮回。正如加拿大当代学者李·典·雷尼所说："对行为不端的人，儒家传统中最严厉的斥责是：'哦，你不是君子！'"孔子希望人们做正确的事情，原因不是今后会有回报，而是理应如此。行善在于表明端正的品行，做有益于世界的事情。孔子的一生很大程度上就是追求完美道德的一生。儒家典籍记载："君子内省不疚，无恶于志。君子之所不可及者，其唯人之所不见乎。"

因为孔子常常近乎苛刻地关注现实，所以理雅各才说，圣人没有宗教信仰，他的学说也不会让中国人成为信徒。理雅各写道："他沉着冷静。总体而言，这种性格并不适合激发中国人的宗教狂热。"不过孔子也确实认为他担负着神安排的传播真理、拯救世界的任务。他认为他是世界上最后一个掌握在中国实现和平的古代知识的人，是人类最后的希望。因此他认为自己得到了神的庇佑。据古籍记载，孔子曾被（匡城的）敌人围困，虽然生命遭到威胁，但他并不担心。上天会保佑他，让他完成使命。孔子叹道："文不在兹乎？……天之未丧斯文也，匡人其如予何！"他也曾抱怨世人不理解他以及他的道，但是他希望自己能够被上天所欣赏，并以此自慰。"知我者，其天乎！"

孔子还讨论了比道德更重要的内容：宏观、宽泛的人与宇宙的关系。孔子最核心的思想是对个体力量的信仰。如果人人有德行，世界就会安宁。相反，自私无德会导致社会混乱、贫穷和战争。在孔子眼中，人可以作用于宇宙——我们的日常行为对周围的一切都会造成影响。我们不会漫无目标地四处游荡，彼此相遇也并非毫无意义。我们的做法决定了贫穷与富贵、战争与和平、有序与无序、公正与不公。个人的德行几乎具有改变世界的神奇魔力。

孔子将万物的主宰称为天道。虽然他没有明确说明什么是天道，但是后世儒家将圣人口中的天道解释为惩恶扬善的意志力，相当于犹太教–基督教中的上帝。儒家借鉴了中国古代的观念。他们认为，有德之君有天命，即神授君权，暴君或昏君则会失天命。孔子宗教性质的只言片语经过几个世纪的发展，成为复杂的宇宙哲学。孔子说过的言简意赅的话从此却具备了宗教意义。他的学说不再限于君子之行；经过改造，它也指明了成为圣人的道路。也许儒家不是犹太教－基督教信仰或印度教及其宗教派别信仰意义上的宗教，但是，我们也不能说儒家没有宗教性质或不能解决人类所面临的基本问题。

最后，儒家是否是宗教取决于宗教的定义。西方常常用它的宗教信仰和儒学相比较。西方在接触儒家之初就开始了这种比较。第一批抵达中国的耶稣会教士看到中国人在孔庙虔诚地跪拜、供奉孔子之后，就认为发现了一种土生宗教。但是经过深入调查，他们认为，中国人没有把孔子当成神崇拜，仅仅把他当作圣人。因而他们宣称儒家礼制不是宗教，而是社会习俗。在耶稣会看来，供奉孔子和信仰基督可以并行不悖；皈依基督教的中国人既可以做礼拜，也可以到孔庙烧香。耶稣会的竞争对手——天主教法兰西派和多明我会修士团却得出了相反的结论。他们看到中国人的祭祖行为，就断言儒学不仅是宗教，还是异教，因此皈依天主教的中国教徒必须宣布抛弃他们所挚爱的圣人。这导致了长达一个多世纪的礼仪之争。1715 年，教宗克雷芒十一世发布与耶稣会观点相左的教廷禁约，禁止中国教徒祭孔。中国皇帝龙颜大怒，作为报复，禁止多数天主教传教士来华传教。

以儒教教徒自诩的人认为西方误解了儒学。儒家学说与犹太教－基督教信仰根本没有可比性。成均馆大学教授朴光阳表示自己是儒教教徒。在校园中的孔庙外，他对我说："多数宗教会在经书中告诉你，虔诚可以得到救赎。我们也有经书，但却没有这种内容。其他宗教都有神和仪式，但是儒学强调的是人生在世应有所作为。自我反省是这一切的基础。你认为自己待人必须友善、和蔼、慷慨。同时，儒学也要求儒家恪守其学说。"

尽管孔子地位崇高，但他却并非一直受人爱戴。也许，其他主要宗教、哲学思想的创立者都未曾像他一样引起过这么多争议。亚洲人和非亚洲人曾一致痛斥孔子导致他们所亲手创造的文明出现弊病。人们指责孔子压迫女性、扼杀创新、盘剥贫苦农民、鼓动专制、引发金融危机。批评他的人表示，正是由于孔子，中国才没有先于西方发展出资本主义，技术上才落后美欧。

这样的批评公平吗？孔子的影响并不完全是积极的。从西方角度看尤为如此。以孔子哲学思想为基础的社会等级森严。处于支配地位的父、夫、君利用甚至滥用儒学加强对处于从属地位的子、妻、臣的控制。（直到近代）东亚各国政府几乎都是中央集权。受儒学影响建立的政府制度僵化，妇女在儒学构建的社会结构中处于从属地位，只有饱尝艰辛才能进入公共领域。东亚很多妇女没有教育和就业的权利；很多在娘胎和襁褓之中就被亲生父母扼杀。在儒家企业管理实践中，基层员工受到森严的决策体系的压迫，企业创新和竞争能力也饱受桎梏。在东亚，无论家庭、企业还是学校，儒家严格的等级制度导致了各种残酷行为。我的小舅子詹姆斯上高中时曾遭受学长长期欺凌。他叹道："孔子毁了我一生。"

我也亲眼见过儒家思想所导致的破坏性行为。20世纪90年代后半叶，我曾担任《华尔街日报》驻首尔通讯员。有段时间，我有过两名韩国女同事。她们都曾旅居国外多年，并不非常传统。她们西方化的外表蒙蔽了我。与韩国企业员工一样，她们之间也形成了儒家等级关系。上级欺凌、骚扰下属，把工作都分给下属，甚至强迫下属为自己办私事。年轻的记者很害怕，不敢让我帮她。我对这种紧张关系有所察觉，就试着采用更为轻松的美国方式管理分站，鼓励公开讨论，工作中不偏不倚地执行办公条例，最后却无果而终。我无法战胜孔子，也无法说服女同事。我眼睁睁地看着分站所有女同事在正常工作时遭受欺凌。她们默默忍受傲慢的态度、恫吓甚至性骚扰。有一次，一家公司的两名高管邀请我们吃午饭，饭店里的女服务员衣着暴露，跪着上菜，我们的一位记者愤怒不已。还有一次，有个记者怒气冲冲地回到办公室说，会上男记者们把她从前排贵宾席挤对到了后排。我尽力支持她们，但是韩国歧视女性现象十分严重，几乎是商界的规则。

种种不公现象严重损害了孔子的名声。在现代很多人眼中，孔子的时代早已远去，他的思想已与现代社会脱节，跟不上时代的步伐。在东亚，很多人认为，只要孔子仍在本地拥有一席之地，这一地区就无法实现现代化。因此，他们不想和他的学说产生任何瓜葛。中国科技企业家严阳（音译，书中中文名字均为音译）曾边吃汉堡边告诉我："儒学是古董。它的机能失调。它的核心思想与现代社会理念背道而驰。"

不过，让孔子为这些社会负面习俗背黑锅有失公允。几个世纪以来，由于皇帝、学者、官员自私自利的曲解、歪曲，儒学有些方面已经大大偏离了圣人的立场，使孔子为自己从未提倡也不会提倡的观点备受责难。中国共产党创始人之一、20世纪孔圣人的严厉抨击者李大钊曾有过类似观点。他写道："余之抨击孔子，非抨击孔子之本身，乃抨击孔子为历代君王雕塑之偶像的权威也；非抨击孔子，乃抨击专制政治之灵魂也。"因此，近代一些学者曾试图将作为思想家和平常人的孔子和他的弟子区分开，将他原本的学说从中国历史千百年来以他的名义形成的儒学分开。让孔子对以他的名义犯下的罪行负责无异于让先知穆罕默德对"9·11"恐怖袭击事件负责或者让耶稣对西班牙宗教裁判所负责。儒家学者刘殿爵承认："不可否认，几个世纪以来，儒家思想吸收了众多教条以及成熟的专制思想。但是，将此归罪于孔子无异于让耶稣对后世教会滥用权力负责。"

不过，无论公不公正，全球化对孔子并不友好。过去两百年来，西方思潮涌入东亚社会并促使本地区很多人重新思考儒家思想的价值。西方社会政治思想带来了完全不同的家庭、两性关系理念，政府和教育制度以及公司治理方法。民主制度确立下来，性别平等、个人自由和法治理念也扎根发芽。受这种新思想的影响，东亚各国经历着深刻变革。民主运动颠覆了近代东亚国家的专制政权。女性为合理的政治经济地位不断斗争。过去两百年的大部分时间中，东亚人民认为进步就是西方化，因而努力复制西方政治、经济和社会制度。资本主义和工业化成了该地区消灭贫穷、跻身世界舞台的手段；政治选举成了他们选举领导、消除社会分歧的理想制度。成功之路绕过儒家书院，从哈佛大学和耶鲁大学蜿蜒而过。语言、服饰以及社会生活的西方化已经成了现代化和竞争力的标志。东亚各国的政治家和改革家设法将儒家影响连根拔起，去追求美好生活、自由和幸福，有时甚至不惜诉诸暴力。尽管千百年来东亚人信奉孔子，但是很多人不想继续下去了，并希望忘掉他。

乍一看，东亚人在这方面已经取得了不小的成就。如今环视东亚各地，全球文化高歌猛进，传统似乎消亡殆尽。日本和服和韩服只偶尔出现在婚礼以及其他仪式上；东亚人和世界各地的人一样穿上了西服、耐克运动鞋和超短裙。韩国和中国流行歌星伴着与欧美地区相同的嘻哈节奏说唱、跳舞。中国家庭热衷于购买别克、iPhone，吃肯德基。我岳父一家在首尔的住宅与芝加哥郊区的民宅别无二致。唯一表明你在韩国的标志是从厨房飘出的泡菜味道以及寒冬腊月的传统地热。一年假期，我的小舅子史蒂夫坐在客厅的圣诞树旁，试图让我相信，儒家以及广义上的亚洲文化已经被西方舶来品扫地出门。他说："看看周围，什么都不是亚洲的。"

我回答，表象并不可信。当然，与世界上大多数人一样，很多亚洲人渴望得到宝马，获得常青藤联盟大学的毕业证。但是，我的婚礼表明，在星巴克咖啡杯、《欲望都市》DVD 光盘和布克兄弟牌衬衫的表象之下，儒家思想仍然根深蒂固。千百年来，孔子已经成为了本地区生活的一部分。在东亚人的日常来往和与世界的交往中，他仍然时不时抛头露面。我的妻子便是如此。对东亚人而言，遵循儒家准则习以为常，是普通的日常生活。

另外，东亚积累起来的新财富促使东亚人以崭新而自信的眼光重新审视自己的古老文化。成功不再等于西方化；东亚人在自己古老的习俗、学说和传统中发掘着新价值。新加坡国立大学李光耀公共政策学院院长、亚洲最有影响力的学者之一基肖尔·马布巴尼在北京与我共进午餐时表示："西方对亚洲二百年的殖民和主导如同用水泥板覆盖了亚洲的历史。亚洲要现代化，就必须摒弃过去。亚洲的过去是负担，所以他们集中精力学习西方最优秀的品质。但是，现在他们已经成功了，所以他们又开始以不同的方法对待过去。你必须要有我所称之为的'文化自信'。亚洲所做的就是凿穿水泥板，重新发现它的过去。亚洲将会出现文化复兴。"他认为这种趋势是"当今亚洲具有最重要意义的现象"。

有人认为，那种认为儒家业已无关紧要的观点属于帝国主义文化，是过去几个世纪西方主导的全球政治和社会话语权向亚洲人和非亚洲人灌输的观念。既然亚里士多德、康德（德国哲学家，1724—1804 年）等西方思想家的思想如今仍然具有重要性，那么为什么孔子的思想就没意义呢？夏威夷大学华裔哲学教授罗莎莉断言，我们持否定观点的唯一原因是全世界对非西方思维模式和传统存在偏见。罗莎莉在电子邮件中写道："我认为，对西方和非西方思想家的不同待遇本身就反映了殖民心态，即非西方世界本身就是无用传统的牺牲品，需要西方推动实现现代化。"

现代史告诉我们，东亚人没有理由认同这一点。儒家社会可以说是第二次世界大战以来世界上最成功的社会。中国、韩国和东亚各国实现了历史上最高的经济增长率，用几十年的时间消除了长达数个世纪的贫困现象，并成为全球经济的新兴势力。节俭、吃苦耐劳等儒家价值观功不可没。因为最有才华的人受孔子影响偏爱仕途，东亚各国比大多数发达国家拥有更加健全的治理体系，这让它们受益匪浅。受孔子影响，东亚学生热爱学习，如潮水般涌入世界名牌大学进修。由于受儒家思想影响的管理和用工习惯，儒家社会的企业也有强劲的竞争力。东亚的繁荣和稳定为现代社会带来了另外一个模式——儒家模式。这一模式挑战着西方拥有最好的制度、习俗和思想的观点。

东亚政治家和思想领袖自豪地宣称，复制西方并非唯一实现进步和提高全球影响力的方法，西方模式并不一定放之四海皆准。马布巴尼告诉我："在未来，我们的世界将从单一文明、西方主导的世界变为拥有多样化文明、多样化成功文明的世界。"

因此孔子的影响力正在出乎意料地提高。前不久在东亚人眼中已经老掉牙的孔子如今又神采奕奕了。过去百年间，中国曾试图摆脱儒家影响，而如今，祭孔开始复苏，儒学教育也开始兴起。中国人像一千九百年来的人们一样，如今也在孔庙顶礼膜拜孔子。然而有关孔子价值的争议和论战并未结束。在一些情况下，我们仍然需要用批判的眼光看待孔子的复兴。全球化和孔子也一如既往地相互猛烈角力。东亚人在重新发现自身传统文化的同时，也在力图探索哪些传统适合现代社会，哪些不适合，以及如何促使儒家传统价值观和西方舶来的新趋势、新理念相结合。实际上，东亚政治、经济和社会发展很大程度上取决于当代东亚人民对孔子的态度。

无论情况如何发展，它都将影响全球。历经一百五十年的西方化，东亚很多人开始认识到，他们的传统中蕴含着西方再也无法小觑的价值和智慧。提及孔子思想带来的好处，学者张卫在《纽约时报》上自豪地宣称："为自身利益考虑，西方如今也许也应该'解放思想'，去了解、学习中国的大智慧。"

我也经历过这一过程。某些儒家思想如今确实落伍得令人发指。但《圣经》何尝不是如此。我们所遵循的犹太教 – 基督教传统也经过了对《圣经》的重新演绎，所以它能够适应当今社会的要求。我们没有理由不用同样的方式对待孔子学说。他的著述同样蕴含着适用于任何时代、政治制度和文化的人文观。无论国籍、种族和宗教信仰，孔子学说都具有普遍性和超越时空的特点。孔子，过去重要，未来也同样重要。

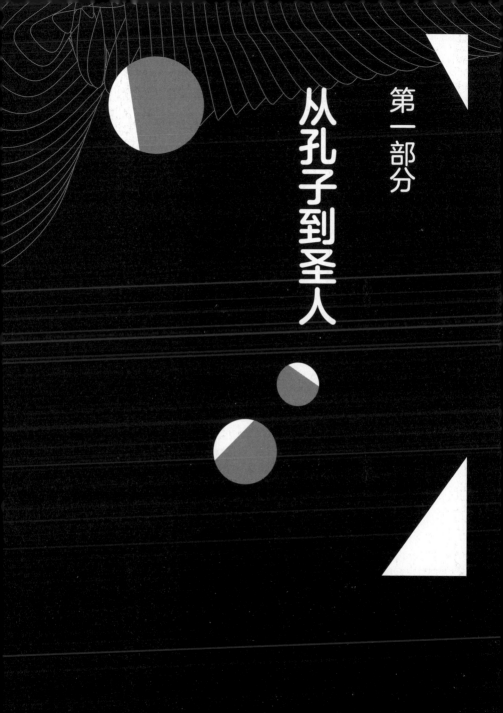

第一部分

从孔子到圣人

第一章

孔子：生平

吾岂匏瓜也哉？

焉能系而不食？

——孔子

公元前500年，孔子作为鲁国（今中国山东省境内）大臣，取得了引人瞩目的政绩。鲁国和邻国齐国之间常常爆发流血冲突。在历经九年相互征伐之后，两国终于决定解决彼此间的分歧。两国君主约定在齐鲁边境名为夹谷的蛮荒之地会盟。鲁定公委派孔子处理会盟典礼事宜——这一任命非常明智，孔子满腹经纶，是鲁国顶尖的礼法专家。当年夏天，鲁定公和孔子满怀对和平的憧憬，前往夹谷。

　　不过齐国统治者却另有打算。齐国国君景公及其大臣认为夹谷会盟是要挟鲁国的良机。史料记载他们图谋不轨。齐景公的一位大臣建议征召当地的莱夷人挟持鲁国君主。他认为孔子生性软弱，不敢阻止他们。大臣对齐景公说："（孔丘）知礼而无勇，若使莱人以兵劫鲁侯，必得志焉。"孔子抵达之前，齐景公已经设好埋伏。

　　不过这些阴谋家严重低估了孔子。孔子当然也很警惕。他劝谏鲁定公不要冒险，而要带上将士赴会，以备万一。孔子对鲁定公说："臣闻有文事者必有武备，有武事者必有文备。"鲁定公采纳了他的建议，带上了兵马。

　　他们抵达夹谷。会盟开始的气氛非常祥和。两国国君彼此行礼，以示尊重，然后攀登三级台阶，登上盟坛就座。然而，即将进行谈判时，在齐国官员的授意下，一队全副武装的莱夷人战士气焰嚣张地走向盟坛。古代史官记述道："旍旄羽袚矛戟剑拔鼓噪而至。"孔子察觉到君主身处险境，勇敢地喝令莱夷人退下。他提醒齐国君臣，鲁定公为友谊赴会，蛮族到场会破坏媾和的氛围。孔子接着斥责齐国国君的无耻行径。他说："兵不偪好。于神为不祥，于德为愆义，于人为失礼，君必不然。"慑于孔子的义正词严，齐景公被迫终止了绑架鲁定公的阴谋，命令莱人退下。

齐景公羞愧难当，在媾和中处于十分不利的地位，而孔子则抓住了这个机会。两国订立了盟约。孔子毫不客气地要求齐国归还在战争中夺取的三块鲁国土地，作为鲁国遵守盟约的条件。齐国君臣别无选择，只好就范，最后灰溜溜地返回国都。由于会盟受辱，齐景公斥责了大臣，赞扬了孔子的才智。他抱怨道："鲁以君子之道辅其君。"

尽管古代史料对夹谷会盟具体细节的记载有所出入——有的还隐晦地表示孔子是莱夷人的幕后主使（不过这不可能），但是史料对结果的记载非常一致：孔子取得完胜。他熟谙国事、智勇双全、博学多才，充分利用自己的聪明才智为国家和君主争取到了巨大利益。会盟的成果将孔子推上了鲁国政坛的巅峰。

但是，仅仅三年之后，孔子就和为数不多的支持者逃离了鲁国，从此再也没有在鲁国担任官职。他未能说服鲁定公采纳他的理念以及德政思想。因而他心灰意冷，辞去大臣职位，离开鲁国去寻找能够采纳他的建议的君主。多年过去，尽管已经漂泊千里，孔子却一无所获，最终未能完成对分裂、混乱的中国的改造。

讽刺的是，孔子在世之时儒家思想并未对中国产生多大影响，他去世多年之后才成为历史风云人物。在他有生之年，这种即将与华夏文明画上等号的思想并未吸引多少弟子。孔子一生几乎无法表明他在亚洲历史中即将成为主导角色。然而他曲折而真切的经历开启了一部长达两千五百年的令人费解、充满争议的传记，其中记载了他的挫折与成功、妥协与坚持、衰落与复兴。

不管怎样，孔子的毕生经历具有极为重要的意义。孔子的一言一行塑造了华夏文明。在随后的岁月里，圣人的虔诚弟子和他最冷酷的敌人都不厌其烦地，一遍遍地剖析他的人生经历，或探索能够指导事业、提高思想境界的智慧，或寻找攻击儒家原则的铁证、借机宣传本派学说。孔子的弟子把他的人生视为人生典范，把他的行为视为道德高尚、品行正直的标准。这段两千五百年前的历史至今仍然振聋发聩，影响着东亚的思维和行为模式。要理解东亚，我们就要先理解孔子。

揭开孔子的面纱并非易事。正如所有重要历史人物一样，我们如今对孔子的了解仅仅来源于关于他的一些零散记载。其中很多内容的可靠性存在疑点。我们对他的所有了解极有可能来自他人的信手之笔。其中有些记载是孔子逝世后很久才撰写的，其作者不可能掌握有关孔子及其一生的一手资料。由于这些材料出于忠于孔子的支持者或对他充满敌意的批评者之手，他们不是把孔子作为英雄鼓吹其智慧和能力，就是对他竭力诋毁，因此这些史料大多不够客观。

司马迁是给孔子完整作传的第一人。他是中国最伟大的历史学家之一，他的巨著《史记》中有一篇孔子传记。但是，这篇文章创作于孔子逝世后的三百七十年，当时孔子生平已经罩上了神话传说的光环。司马迁推崇儒学，因此他也可能夸大了孔子对中国早期历史的影响。因此司马迁的记述也存在疑点。孔子的生平细节在《论语》中也有记载。《论语》是与孔子联系最为紧密的著作，同时也是公认的关于圣人及其思想的可靠来源。这些关于孔子生平事件的记载较为散乱，其中一些甚至被认为出自孔子的手笔。但是由于《论语》也是孔子去世之后编纂的，所以其真实性也存有疑点。千百年来，众多学者在浩瀚的史料中搜寻相关记载，力图去伪存真，去除夸大的成分，还原真实的孔子。

相较孔子本人，我们更了解孔子所处的时代。这一时期称为春秋时期，约公元前 770 年至公元前 5 世纪中期。这三个世纪战乱频仍、社会动荡，这些时代特征塑造了孔子的人生、思想和哲学。他的宗旨就是使这个饱受战火摧残的国家恢复和平与安宁。德政理论是孔子学说的主要理论。孔子认为，实现德政就可以使暮气沉沉的周王朝恢复繁荣稳定。孔子与其生活的时代是不可分离的，儒家与其诞生的时代背景也同样不可分割。

周王朝统治的瓦解导致天下大乱。截至孔子生活的年代，周王朝统治中国近五个世纪，但是周王室影响力日渐衰微。周王朝的统治建立在分封制的基础之上，忠于王室的诸侯代表国家管理地方。理论上，孔子所处的时代仍奉行这种制度，诸侯名义上仍为周王室附庸。实际上，周王朝已分裂为众多互相征伐的诸侯国——古代史料记载有一百四十八个诸侯国，周天子实际只控制着国都。统治天下的大大小小的王国的诸侯为争夺地盘和财富，尔虞我诈、冲突不断。

混乱的政局也引发了学术大辩论，并由此产生了人类历史上最重要的思想哲学运动。出于对社会动荡的不满，富有创造力的中国思想家力图寻找解决国家弊病的方法，深入探讨了人类社会和人类生存所面临的基本问题。政府应发挥什么合理作用？应如何治理人民？人的本性是善还是恶？人类在宇宙中是否具有特殊地位？如果是，目的是什么？学术的发展为哲学和文学传统奠定了基础，而哲学和文学则构成了统治东亚大部分地区的思想的基本元素，其中每部著作的影响力都能与古希腊城邦和南亚次大陆产生的作品相媲美。孔子学说就是这一思想大发展时期的一个流派。他的声音也只是众多声音中的一个。在当时以及随后的几个世纪中，其他流派的影响力更大。不过孔子最终从众多流派中脱颖而出，成为东亚居于主导地位的圣

033

人，他夺取胜利的过程漫长而缓慢，约历经了一千五百年，并且这一过程从某种程度上讲从未完全终结。

儒家学者传统上认为圣人的祖先是皇族——商朝王族。商朝是中国第一个有明确证据证明存在过的王朝。商朝灭亡，周朝兴起，在新王朝的分封体制中，孔子的先祖成为宋国的贵族。后来由于孔氏家族在宋国失势，他的父亲被迫逃亡鲁国。有学者认为孔子显赫的家世也许是孔子的弟子杜撰的，目的是使夫子和历史上的权贵搭上关系。不管孔子祖上如何显耀，到他出生时，孔氏家族已经失去了以前可能拥有过的贵族地位。孔子属于低级官僚阶层，地位高于平民，但低于精英贵族。司马迁提到，孔子年轻时想去参加鲁国贵族举办的宴会，但由于社会地位低被拒之门外。孔子被简单粗暴地告知：“季氏飨士，非敢飨子也。”在重门第而轻才智的年代，孔子的出身对他一生的经历及其学说都产生了深远影响。他强调后天才能，宣扬成为真正的君子不在于财富、职位和家世，而在于学识和道德修养。尽管如今人们常常认为孔子非常保守，在他生活的时代，他却是社会变革的先锋。

孔子的出身卑微而缺少光彩。他的父亲叔梁纥是员虎将。他力大无穷。在一次战斗中，由于他力撑城门，战友才得以脱险。孔子出生时，他的父亲也许很老了。据记载，他的父亲曾在中国东部曲阜（当时鲁国都城）附近小城陬邑担任低级官吏。据后世古籍记载，叔梁纥和正妻有九个女儿，和妾育有一子孟皮。孟皮是残疾人，患有严重足疾，不能光耀孔家。所以叔梁纥晚年一直想再娶一房妻子，生个健康的儿子。他想娶颜氏三姐妹中的一人为妻，前往当地的颜家表达来意。颜氏三姐妹的父亲同意了，他对女儿们说道："其人身长十尺，武力绝伦，吾甚贪之，虽年长性严，不足为疑，三子孰能为之妻？"大女儿和二女儿都沉默不语，只有小女儿徵在说道："从父所制，将何问焉。"她父亲觉得小女儿很孝顺，能成为合格的新娘，所以把她嫁给了叔梁纥。

此后故事开始出现转折。司马迁的记载让人浮想联翩：中国最伟大的圣人可能是私生子——他的父母没按常理在家里结合，而是经野合生下了孔子。有学者对这种记载持不同看法。美国史学家詹启华提出，司马迁的记载是通过野合给孔子的降世披上神秘的外衣。但无论如何解读司马迁的记载，叔梁纥和颜氏之女的正式婚约从未被提及。

后来，孔子的弟子可能由于不喜欢他不光彩的身世，杜撰了他出生的神话传说。在汉代（公元前202—公元220年）的一则故事中，会魔法的、长生不老的神灵变成了孔子的父亲——与古希腊神话传说中宙斯和美丽的女子交合生下半人半神的传说类似。故事讲道："孔子的母亲（颜）徵在一次散步时，遇到一个巨大的陵墓。在那里，她睡着了，梦见了黑帝的邀请。她前往赴约，在梦中与他交合。他对她说道：'将来你生孩子一定在空桑这个地方。'她醒了之后就感到怀孕了，（后

第一章
孔子：生平

来）在空桑生下了孔子。因此，（孔子）被称为玄圣。"其他文学作品提到，与耶稣一样，孔子降世之前出现了预示他前途无量的祥瑞。（日、月）食，龙和神灵宣告他的降世。他的母亲分娩时没有感觉疼痛。孔子出生时胸口有文字，表明他以后会成为伟大的学者。

而在正史中，幼年的孔子谈不上伟大。叔梁纥去世时，孔子年纪尚小，他的母亲只能独自抚养他。叔梁纥死后，其家人对颜氏和孔子不闻不问——这恰恰能说明她和叔梁纥的关系并不正常。司马迁讲道，颜氏没有告诉孔子他的亲身父亲埋葬在哪里（颜氏去世多年以后，孔子才靠别人找到了父亲的坟墓，把母亲和父亲合葬在了一起）。

我们对孔子的童年几乎一无所知。据司马迁记载，孔子小时候喜欢玩祭祀祖先的器具，像准备祭典一样仔细摆放祭器。唯一关于孔子早年的明确记载是他非常好学。"吾十有五而志于学。"这个决心将改变世界历史。

即使在他生活的年代，孔子所学习的文字和仪礼也被认为是古代的知识。在探索解救苦难中国的道路时，孔子研究了他心目中的黄金时代：周朝初期——当时国家统一、稳定。孔子认为，周朝的开国元勋和上古的统治者都是以才、德治国的贤君。他坚信，中国之所以陷入混乱是因为国家现在的统治者们抛弃了周朝礼仪。因此他花费毕生精力，钻研中国古代的哲学、历史、文学和仪礼，希望中国社会恢复传统。

当时，孔子是少数几位熟知周朝风俗文化的专家之一。据司马迁记载，孔子为更好地学习、传播传统，曾亲自前往周朝都城观礼。孔子从政的目的是劝谏诸侯、大臣学习先贤，按先贤的理念和礼仪治理国家（最后他失败了）。因此，孔子成了中国上古时代与其所生活时代的重要连接纽带。作为史学家，他师法古代；作为复兴主义者，他努力传播将要被完全遗忘的、令人自豪的文化遗产。从一定程度上说，他作为文化原教旨主义者，坚定不移地认为只有周礼才能消除当代的恶。

在这一过程中，孔子开创了中国两千五百年正规教育的先例。任何人不学习中国古典文学、历史和哲学，都算不上博学、文雅——这是孔子及其弟子定下的原则。这些学科的知识成了通向仕途的敲门砖，进而推动了全国社会经济的发展。千百年来，中国的男子攻读孔子及其弟子曾孜孜不倦研读的诗书，梦想读书能给他们带来财富、地位和权力。

尽管如此，在从政之初，孔子虽满腹经纶却没有施展的余地。他曾为鲁国最有影响力的贵族家族季氏管理过粮仓和牧场。鉴于孔子生活贫苦、地位卑微，他最初可能靠运气才在鲁国贵族门下谋到了职位。孔子曾解释说："吾少也贱，故多能鄙事。"由此他也给雇主留下了深刻印象。据司马迁记载，"料量平，畜蕃息。"他的表现引起了鲁国政府的注意。他被任命为主管工程的大臣，从此得到了施展抱负的机会。

从政是孔子的主要职业目标。终其一生，孔子为实践他的德政理念，几乎从未停止谋求政府高官要职。他和众多诸侯、大臣之间的会谈其实多为求职面试。孔子希望依靠自己的智慧和建议影响他们。孔子同时为后世的儒家确立了职业道路。在中国的帝制时代，儒生和儒家不可避免地与治国之道联系在了一起。儒家努力求取一官半职，出仕入相。达到这一目的后，他们会主导中国庞大的官僚体制并参与政策的制定。实际上，在中国，受过良好教育的合格的儒家弟子必须报效国家。

　　表面上这听起来很光荣，而实际上儒家对政治权力无可遏止的欲望以及他们从政的巨大成功最后却导致了他们在近代的没落。孔子的一生就充分说明了这种危险。尽管孔子提倡仁义道德，但在战乱频仍的春秋时期，他并未超脱派系争斗与尔虞我诈。他被迫在职业和信仰间左右摇摆。最终圣人选择坚持立场。这一决定让他饱受清贫之苦并一次次蒙受羞辱。然而，不是所有儒家成员都能以孔子为榜样。在之后的千百年中，儒家面临着同样的艰难抉择，但是很多人不如孔子坚定，他们对权力的渴望战胜了对圣人道德学说的信仰。为取悦帝王，他们常常牺牲自己的信仰，甚至为迎合皇室的需要不惜曲解儒学。政治需要与儒家思想持续不断的冲突导致了儒家道德操守的沦丧，并最终导致孔子的污名化，对他在东亚社会中的地位造成了严重影响。

　　孔子孜孜不倦地求取官职，显示他有远远背离其形象的性格。孔子自诩学识渊博、信念坚定、道德清高，古人不能与之匹敌。中国最伟大的儒家思想家之一孟子写道："自有生民以来，未有孔子也。"但是通过阅读中国古籍，我们可以发现他是再普通不过的人，有着人类所有的常见的弱点、癖好和过失。我们发现的真实孔子一心往上爬、推销自己，为找个好工作不停地努力沟通、网罗人脉。有时他表现出的傲慢和自以为是令人无法忍受，他喋喋不休地训诫、威吓身边的人。孔子也有软弱的时候，也会质疑自己的能力和勇气。

对于素王的种种缺点，儒家往往一带而过。孔子希望在中国恢复和平、提高社会道德水平的目的正义而崇高，能够证明实现方式的合理性。不过，孔子最终没有完成这一伟大使命，而显而易见的一个原因就是他惹人厌恶的性格。他不但没取悦当权者并争取他们支持自己的理念，反而疏远位高权重的人，四面树敌。他一心想从政，却又毫无政治头脑。他同时代的人认为，这一点非常明显。据司马迁记载（现代史学家认为是虚构的），孔子访问周朝都城时见到了年长的道家创始人老子。老子作为阅历丰富的思想家告诫孔子注意他的不得人心的处世之道。"送子以言"，老子对孔子说："聪明深察而近于死者，好议人者也。博辩广大危其身者，发人之恶者也。为人子者毋以有己，为人臣者毋以有己。"即使真有这次会面，孔子也把老子的告诫当成了耳边风。结果他一次又一次地陷入困境。

随着名声日隆，孔子的这种缺点也更加明显。孔子三十岁时，齐景公（曾预谋在夹谷之会算计孔子的那位君主）访问鲁

039

国，在会见孔子时问他：中国的一个叫作秦的小诸侯国是如何成为一方霸主的。（齐景公希望效仿秦国。）孔子开始讲有关贤能社会的历史。他讲道，秦国国君认为一个奴隶出身的人最有才能，就任用他管理国家。孔子说："以此取之，虽王可也，其霸小矣。"虽然故事听着有道理，但是孔子讲这个故事给人的感觉却是求取官位。

五年之后，鲁国国君迫于政治斗争逃到了齐国，孔子也陪同前往，并在齐国游说。孔子和景公继续他们曾经的谈话。景公欣赏睿智的孔子，想把齐国的一块地赐给他。但是孔子得罪了齐国丞相晏婴——自从开始求官开始，圣人就毫无悬念地得罪了他，晏婴马上决定阻止这一赏赐。晏婴对景公说，孔子不适合高官厚禄。"游说乞贷，不可以为国。用之以移齐俗非所以先细民也。"从此景公开始冷落孔子，再也没和孔子谈论过国事，也没有赏赐孔子封地。最后，景公直截了当地告诉孔子，他在齐国没有前途。景公说："吾老矣，弗能用也。"

孔子被迫返回鲁国，运气也未好转。接下来六年中，孔子没有从政，转而专心教书。孔子历史和文化知识渊博，吸引了众多学生慕名而来——他们将成为他亲密的弟子。他们拥有不同背景、来自不同阶层。他们成分复杂，有些家境贫穷。但是他们有共同的兴趣，热心学业，坚信孔子的智慧。

孔子一生收过的弟子的数量一直存在很大争议。据司马迁记载，孔子门下有三千名学生，不过，现代学者认为这一数字肯定存在水分。孟子提到的数量是七十。这一数字比较可信。学者刘殿爵在《论语》中只找到了二十五个弟子，其中有些仅仅只有只言片语的记载。有明确记载的是，部分学生是孔子忠实弟子。他们坚信，孔子学说是解决中国社会、政治问题的灵丹妙药，因此他们对他的事业忠贞不贰。他们和夫子的对话记录在流传到今天的《论语》中。此书是现代人了解孔子思想的主要典籍。在孔子生前，这些弟子对他忠心耿耿，在他去世后，他们继续传播他的思想和著作，并最终发展出了儒家学派。

在所有弟子中，孔子最喜欢颜回。孔子欣赏这个学生的品格：艰苦朴素、热爱学习、孜孜不倦地自我完善。他不吝言辞地褒奖颜回，很少这样夸奖别的学生。孔子曾说，"颜回不迁怒，不贰过。"圣人认为颜回能与自己比肩，在某些方面甚至超过自己。孔子曾对另外一个弟子说："吾与女弗如（颜回）也。"颜回不幸英年早逝，孔子悲痛欲绝、恸哭不已。他叹道："噫！天丧予！天丧予！"

子贡是另外一个出色的弟子。孔子在《论语》中提到他精于赚钱，所以他可能是名精明的商人，后来他在政治上也很成功。孔子认为子贡秉性聪颖，但孔子认为，他的道德品质不及颜回。在一次交谈中，子贡告诉孔子："我不欲人之加诸我也，吾亦欲无加诸人。"孔子严厉地说："非尔所及也。"除了务实、直率的子路外，也许没有其他弟子考验过孔子的耐心。与孔子的其他弟子相比，子路和孔子的年龄差距不大，作为学者，子

041

路不仅有思想，还注重实务。尽管孔子认为他能力强、有正义感，但孔子批评他生性鲁莽。孔子曾说，"由也好勇过我，无所取材。"（事实证明这一判断非常正确。子路逞无用之勇，死于战乱。）

孔子热爱教学、喜欢与弟子辩论。但他无法施展他的抱负。离开官场的时间越长，他就越感觉紧迫，甚至他的信念开始动摇。鲁国动荡的政局开始考验孔子的意志。鲁国季氏家臣阳货阴谋叛乱。孔子似乎对这一阴谋有所觉察。阳货的门客来请孔子，希望他参加叛乱。孔子最初非常动心：也许能借这次机遇在政府担任要职。但是他的弟子对老师与暴发户们勾结深表震惊。阳货及其同谋是叛徒，孔子与他们的联系可能会玷污他正直的声名。子路劝道："末之也已，何必公山氏之之也？"孔子试图为自己辩解：如果和叛乱领导人合作改革政府、开创新的黄金时代，那么拒绝他们不是太草率了吗？孔子说："夫召我者而岂徒哉？如有用我者，吾其为东周乎！"

最后，孔子觉得叛乱不适合他，并刻意与阳货一伙保持距离——后来证明这是明智之举。阳货的叛乱以失败而告终，阳货被迫逃亡。但是孔子与阳货的短暂接触却显露了他人生的另一面。它将贯穿中国历史，确立儒家对当权者的态度。儒家不是反对派，不会抗议政府。他们常常效仿孔子从政并改革政府。儒家与夫子一样，不会参与叛乱。但这并不表示他们只会溜须拍马。恰恰相反，儒家常常直言不讳地批评帝王，有时会身陷险境。但总体而言，他们倾向支持当权者，希望通过辅佐他们使他们成为贤明的君主，从而保持自己的政治影响力。

孔子正是这么做的。事实证明，他远离阳货的决定在政治上是明智的。新君鲁定公任命孔子为地方长官。司马迁自豪地说，这个地方一年就成了德政的样板。孔子政绩卓著，因此定公重新起用孔子管理国家，一开始任命他担任负责工程的司空，后来任命他为负责刑事的大司寇——相当于首席法官。由于在夹谷之会取得的外交成就，孔子声望日隆。司马迁滔滔不绝地讲道，孔子对鲁国政治、社会产生了神奇的影响。他写道："粥羔豚者弗饰贾；男女行者别于涂，涂不拾遗；四方之客至乎邑者，不求有司，皆予之以归。"

随着影响力的提高，孔子决定大刀阔斧地改革鲁国政府。孔子认为鲁定公才是国家的正统君主。公元前498年，他着手削减鲁国三家贵族的权力，为定公收归权力。此时，三家贵族已经篡夺了国君的很多权力，已形成半独立的政治团体，拥有城池和军队。三家被责令拆除城墙。据司马迁记载，孔子劝谏定公下达法令，命令贵族拆除防御工事。

起初贵族服从法令。但是好景不长，孔子遇到了坚决抵抗。季氏拆毁费城的防御工事时，季氏家臣发动叛乱，攻击鲁国国都。定公逃到季氏家中，登上高楼躲避战斗。孔子派出增援军队，取得了胜利。叛军首领撤退之后，费的城墙被拆毁了。但是国君针对鲁国最后一个对抗他的贵族孟氏的攻势却并不顺利。

043

孟氏拒绝满足孔子的要求之后，定公下令包围孟氏的堡垒成城，企图迫使他们就范，但是定公未能攻克成城。解围之后，孔子改革政治体制的努力付诸东流。贵族及其贪婪的家臣远未丧失权力。

孔子在这次斗争中失势。公元前497年，在企图削弱贵族势力的一年后，孔子突然辞去政府职位，离开了鲁国。一般据史书记载他离开鲁国是由于中了无耻的齐国君臣策划的诡计。齐国君臣对三年前孔子在夹谷之会中取得的胜利仍然耿耿于怀。据司马迁记载，齐国大臣担心在孔子英明的管理下，鲁国会越来越强大，所以他们阴谋削弱他的影响力。齐国君臣搜罗了八十名美貌舞女，送给了鲁定公。美女抵达鲁国国都城门后，定公的丞相季桓子化装前往观看这些女子，发现她们非常美丽，就说服定公亲自观看。定公沉湎女色，不理朝政，连续三天没有上朝。孔子对定公荒废朝政非常失望，所以他收拾行囊离开了鲁国。他边走边唱：

　　　彼妇之口，

　　　可以出走；

　　　彼妇之谒，

　　　可以死败。

　　　优哉游哉，

　　　维以卒岁！

司马迁讲的故事非常有趣，不过这是真的吗？几个舞女能打败圣人吗？从某些角度看，我们可以发现这些女子如何使沮丧的孔子离开定公。毫无疑问，孔子恪尽职守。既然如此，像他这样具有改革头脑的专家自然不会浪费时间辅佐荒废国事的君主，况且定公蔑视祭礼，缺少君主应有的能力。这则故事体现了孔子对政治改革的严肃态度。像心怀不满的员工一样，孔子也觉得他能找到更欣赏自己、更有能力的雇主。

然而，这个故事似乎过于单纯。孔子当时已经有五十多岁，他毕生都在谋求他在鲁国所拥有的高官厚禄。他会因一时冲动辞去来之不易的职位吗？孟子记载了另外一个版本的故事，其中有些细节令人回味。孟子解释道，孔子离开鲁国是因为他没收到祭肉。按正常礼节，他应该得到祭肉。孔子认为，这是严重的怠慢行为，公然违反了礼仪规定。而且这种情况甚至可以说明孔子在鲁国的影响力下降了。孟子告诉我们，定公"不用（孔子）"。换句话说，孔子已经失宠，国君认为他不再是心腹大臣。所以他借口在祭礼中遭到冷落，辞去职务。孟子解释说："乃孔子则欲以微罪行，不欲为苟去。"

但是，故事并没完。孟子提到孔子不税冕而行。简单地说，孔子是落荒而逃。为什么逃得这么急呢？孔子在执政期间肯定树敌颇多，其中主要原因可能就是因为孔子一直想削弱三家贵族及其家臣的权力。在与贵族的政治斗争失败之后，孔子肯定感觉危机四伏。如果曾支持过他的鲁定公不再宠信他，正如孟子所暗示，孔子就会有大麻烦。他认为没分到祭肉是自己失去国君庇护的信号。如果这些假设是正确的，那么孔子倒台就不是因为一群舞女，而是因为他自己。他的改革措施给自己树立了很多政敌。因为他的思想难以实施或导致了国家动荡，所以定公对他的建议大失所望。在他生活的年代，中国政坛混乱不堪，孔子对失败高度紧张。所以孔子集齐包括子路、子贡和颜回在内的心腹弟子，离开了鲁国。孔子一走就是十三年。

发人深思的是，孔子只带了弟子，却没带家人。尽管他理想中的大同社会是以家庭为核心的，我们对他的私人生活却知之甚少。在《论语》中，他甚至从未提过自己的父母。孔子结过婚，不过却没有关于孔子妻子姓名的记载。古籍只提到她是宋人亓官氏之女。她给孔子生了一个儿子和两个女儿。儿子名为鲤，两个女儿都没提到正式名字。其中一个女儿可能夭折了。关于孔子的早期典籍都未特别提到他的子女。孔子离开鲁国时，他似乎已经没有了家庭责任——他在四十几岁时已和妻子离婚；他的儿子组建了小家庭，女儿也嫁人了。《论语》告诉我们，孔子把女儿嫁给了一个坐过牢的人——坐牢在当时同现代一样不光彩，但是他认为女婿坐牢是被冤枉的。这个决定只是其中一个例子，是为了说明孔子坚定地认为品格远胜社会地位。

《论语》对于孔子本人的描写不吝纸墨。编纂者对孔子方方面面的行为都极为感兴趣。他的行为后来成了谦谦君子的模范行为。《论语》整本书描写的就是孔子在宫廷、村庄、席间以及其他普通场合的所作所为，如同古代中国文人版的艾米莉·波斯特（美国礼仪之母）礼仪手册。书中字里行间描写的都是孔子正直、守旧、孜孜不倦坚持礼仪的形象。无论身边的人是当权者还是路人，也无论他们所处的境遇，他都努力保持合适的礼节。

在正式典礼中，他认真地保持庄严的仪态。《论语》说，"他在宗庙或朝堂便便言，唯谨尔。君命召，不俟驾行矣，在君主面前，踧踖如也。在接待宾客时，色勃如也，足躩如也，揖所与立，左右手。衣前后，襜如也。"书中根据孔子的习惯也提出了一些穿着的建议："红紫不以为亵服。当暑，袗絺綌，必表而出之。"《论语》甚至描写了孔子的餐桌礼仪。我们读道："食不厌精，脍不厌细。失饪，不食。不时，不食。割不正，不食。不得其酱，不食。"此种繁文缛节遍及孔子生活的方方面面。书中讲道："席不正，不坐。"

孔子身体力行，严格遵守仪礼，对违反仪礼的人毫无耐心。有一次，孔子遇到了一个夷而坐的年轻人。孔子看不惯。他说："幼而不孙弟，是为贼！"然后圣人用拐杖敲打年轻人的小腿。尽管如此，《论语》并未将孔子描写成圣徒。他并不总能做到举止得体，他偶尔也会被情绪左右。他有时非常傲慢、专横，甚至十分粗鲁。例如，一次有个叫孺悲的人去拜访孔子，但是孔子不想见他，就假装生病。孺悲前脚刚走，孔子后脚就取瑟而歌，使之闻之。借口生病也许还算避而不见的合理理由，但孔子毫不掩饰谎言的行为可能就是为了故意羞辱对方。

不过，孔子并不是脾气乖戾的人。在《论语》中，我们发现了他平易近人、追求快乐的一面。尽管他仕途不顺，有时甚至赋闲在家，但他却苦中作乐。他曾说道："饭疏食饮水，曲肱而枕之，乐亦在其中矣。"书中记载，孔子的精神很好——和朋友唱歌、弹瑟、开玩笑、开怀大笑。他曾对一位弟子说，"人们应该说他乐以忘忧。"还有一次，孔子让他的弟子告诉他，如果能得到君主的垂青，他们想实现什么目标。有的信誓旦旦地说拯救破碎的山河，有的说让人民富裕，还有的说供奉宗庙。然后轮到了曾点。据《论语》记载，"（曾点）鼓瑟希，铿尔，舍瑟而作。他说道：'异乎三子者之撰。莫春者，春服既成。冠者五六人，童子六七人，浴乎沂，风乎舞雩，咏而归。'然后孔子喟然叹曰：'吾与点也！'"

尽管孔子有这样那样的缺点，但是在他的弟子看来，他是最睿智的人，最伟大的老师，所以他们真挚地维护他。子贡曾驳斥批评自己老师的人："他人之贤者，丘陵也，犹可逾也；仲尼，日月也，无得而逾焉。"即使孔子在仕途上磕磕绊绊，忠心耿耿的弟子也丝毫未曾怀疑过他的学说。子贡曾说过："夫子之得邦家者，所谓立之斯立，其生也荣，其死也哀。"

不过，孔子可能不认可这种评价。也许他的人格魅力在于他有自知之明。他从不认为自己是伟大的圣人。实际上，孔子甚至觉得自己不是他所孜孜以求的君子，而且他承认自己未能坚持自己的学说。他曾说过："德之不修，学之不讲，闻义不能徙，不善不能改，是吾忧也。"他在追求自我完美的过程中、在改造世界的职业生涯中苦苦挣扎，内心充满绝望。但是他仍坚信，自己的思想能够为中国带来和平和繁荣。当他离开鲁国，踏上周游列国的漫长、艰辛的旅程，去寻找将梦想变为现实的机遇时，他的信念经受了前所未有的考验。

孔子游历了中国中部大部分地区。由于各种版本的事件自相矛盾，所以他走过的准确路线难以考证。他有可能游历过至少六个国家——也许曾多次到访卫国，有时他一次会在一个地方停留数年。在这段时间里，孔子毫不倦怠地寻找能够任用他并采纳他的学说的君主。由于他的饱学之名早已天下闻名，所以他毫不费力地引起了诸侯的关注，并与他们及他们的大臣进行了会谈。我们可以把孔子十三年的漫长路程当作推销儒家政府和社会改革理念的宣传活动。孟子表示，孔子在这段时间也许得到过几份官职。尽管如此，让他一次又一次失望的是，他似乎从未在政府中获得他所渴望的影响力。每当官职触手可及时，他的希望就会破灭。其中有个典型例子。楚昭王想赏赐孔子封地，但是他的令尹表示反对。令尹劝谏："今孔丘得据土壤，贤弟子为佐，非楚之福也。"楚昭王随即打消了这个念头。

孔子曾多次陷入困境，信念因此有过动摇。在孔子出游后不久，晋国贵族的门客发动叛乱，并邀请孔子参加。与他在鲁国阳货叛乱时的情况一样，孔子起初想答应。但是子路又表示反对，并用孔子自己说过的话批评他。子路说："昔者由也闻诸夫子曰：'亲于其身为不善者，君子不入也。'子之往也，如之何！"孔子承认他说过这句话，不过还是试图为自己参加叛乱的企图进行辩解。他说，真正的君子不会因为和恶人交往而产生污点，并且获得政府的影响力的机会，无论是谁给的，都令人难以拒绝。他反问子路："不曰白乎，涅而不缁。吾岂匏瓜也哉？焉能系而不食？"尽管如此，孔子最后还是拒绝了门客的邀请。

由于他日渐沮丧的心情影响了他的判断力，这种事情不只发生了一次。还有一次，他前往卫国，结识了卫国卫灵公的夫人南子。南子淫乱不堪，名声不好——正是孔子平常避之不及、没有道德的人。据司马迁记载，尽管如此，南子仍然直接给孔子送去了邀请函。信中写道："四方之君子不辱，欲与寡君为兄弟者，必见寡小君。"孔子开始没同意，但随后又重新考虑了这件事情。南子让孔子陷入了两难境地。如果他想在卫国取得官职，按她的信上所写，他必须得到她的支持。但是如果接受邀请，孔子就会和一个不合礼法的人扯上关系。最后他认为别无选择，只能去见她。会面非常愉快。与孔子会面时，南子得体地待在帷帐后面。孔子向她叩头行礼，她也还之以礼，环佩玉声璆然。

孔子去见南子在弟子间引起了轩然大波。也许他们担心孔子与南子的会面有辱他的名誉，会成为茶余饭后的谈资。抑或他们认为他为了在卫国得到前程过于卑躬屈膝。孔子从南子的住所返回之后，子路显得不高兴。孔子认为自己必须捍卫自己的清白。他发誓说："予所不者，天厌之！天厌之！"不管怎样，他和南子的会面并未给他带来前程。据司马迁记载，对南子以及灵公对她的痴迷，孔子丑之，因而离开了卫国。据史学家司马迁记载，孔子抱怨道："吾未见好德如好色者也。"

在他漫长的旅途中，孔子也曾数次面临危险甚至死亡的威胁。孔子途经名叫匡的地方时，当地人误认为他是曾经残害过他们的人，就扣留了他。匡人越来越危险，吓坏了孔子的弟子。幸好，匡人恢复了理智，放了孔子和他的弟子。后来在宋国，宋国司马企图谋杀孔子。他趁孔子给弟子讲课，砍倒大树去砸他，险些砸中孔子。有时，孔子和弟子贫困潦倒、蓬头垢面。孔子曾在一个城市和弟子走散。当地人看他站在城门外，说道："累累若丧家之狗。"孔子听到他的话，无奈而笑，并叹道："然哉！然哉！"

公元前489年，孔子来到陈国偏远的地方，遇到了最艰难的情况。他在陈国已经住了三年，现在迫于战乱逃亡。孔子和他的弟子沦落杳无人烟的荒野，情况越来越窘迫。食物越来越少，他们快要饿死了。言简意赅的《论语》详细描写了当时的严峻形势："在陈绝粮，从者病，莫能兴。"孔子如何陷入困境没有确切记载。据司马迁记载，陈国和邻国蔡国听说孔子可能

051

去敌国楚国当官，担心他会帮楚国争霸，就派人去堵截他。但是他们也有可能只是迷路。这是孔子一生中最重要的经历。饥肠辘辘、游荡多年、前途渺茫，孔子和他的弟子显然已经达到了身心忍耐的极限。

子路生性爱与人争辩，第一个大声抱怨他们的窘境。《论语》记载，子路愠见，质问孔子。他问道，为什么努力遵守德行的人会如此？子路问："君子亦有穷乎？"孔子回答道，君子在困境中才能发现自己的真正力量。圣人说道："君子固穷，小人穷斯滥矣。"据两百年后伟大的儒家思想家荀子记载，孔子对此还有别的回答。这一回答坚定了他无论人生艰险，矢志不渝坚持正道的决心。在这一版本中，孔子告诉子路，君子就像隐匿在丛林中的美丽花朵。他解释说："且夫芷兰生于深林，非以无人而不芳。君子之学，非为通也，为穷而不困，忧而意不衰也。"孔子的意思简单明了：君子在任何情况下都必须坚守道德，不图任何回报。这种思想是儒家最吸引人的经典信念。

不过子路的痛苦可以理解。在与孔子的对话中，他指出，他们身陷困境是不公平的：尽管心向正义、社会改良，孔子和他的弟子却沦落荒野，几乎饿死；而不如他们高贵的人却舒舒服服地坐在堂皇的殿堂上或住着豪华的宅子，衣食无忧、大权在握。子路忠于孔子，坚持孔子思想，却未获得物质利益或政治影响力。司马迁记述道，孔子和他的忠实弟子在荒野遭受肌肤之苦时，探讨了他们遇到的问题以及解决问题的办法。孔子起初满脸疑惑地问子路:"吾道非邪?吾何为于此?"子路指出了孔子和他的错误。他说道:"意者吾未仁邪?人之不我信也。意者吾未知邪?人之不我行也。"孔子不能苟同。他列举了中国历史上的一些有学识但结局悲惨的人物,指出满腹经纶的人未必一定能得到人们的支持。

孔子随后问子贡同样的问题。子贡认为,孔子学说有高尚的标准,所以他们才像普通人一样遇到这样的困难。子贡说道:"夫子之道至大也,故天下莫能容夫子。夫子盖少贬焉?"孔子也驳斥了他的观点。他说,为了迎合众人而牺牲道德是误入歧途。他告诉子贡:"子能修道,纲而经之,统而理之,而不能为容。今尔不修尔道而求为容。赐,而志不远矣!"最后,孔子问颜回的意见。颜回不像同伴那么悲观。他认为,即使别人不关注他们的智慧,他们也应该竭尽才能去追求他们所坚信的正道。他告诉孔子:"夫道之不修也,是吾丑也。夫道既已大修而不用,是有国者之丑也。"

没有非常确切的记载说明孔子及其弟子如何逃离荒野。据司马迁记载,孔子派子贡前往楚国求援,楚国派出了救援队伍。不过,很多学者质疑这一记载的真实性。不管怎样,孔子还是活着来到了楚国,一如既往地决心完成自己的使命。然而,事情发展到这里,除了孔子,其他人似乎已经都开始意识到,他的事业毫无希望。《论语》提到了一个名为接舆的楚狂。他唱着歌走过孔子的座驾:

053

何德之衰！往者不可谏，来者犹可追也！

已而已而，

今之从政者殆而！

孔子下车，想和他谈谈，但他已经走远了。

楚狂人似乎在劝孔子另选一条道路。接舆暗示，孔子在注定失败的旅途上已经浪费了过多生命；符合他的道德水准、讲究实际的人迈入当今尔虞我诈的政坛无异于跳入火坑。狂人劝孔子放弃，仿效自己：与其参与世事，不如离开这个从不欣赏他也并不完美的社会。也许孔子被说到了心里，所以他急忙下车，想跟狂人说话。但是孔子不能不过问世事。《论语》在下一段中说得很明白。孔子说道："鸟兽不可与同群，吾非斯人之徒与而谁与？"

为什么孔子的思想在后世备受推崇，但在他生活的年代却备受冷落呢？乍一看，孔子的失败也许出乎意料。孔子学说的诸多理念为帝制所利用成为意识形态基础，受到了中国和东亚其他国家的王侯将相的推崇。孔子的目的是复兴、改良和巩固中国传统社会和政治体制，而非推翻它们。孔子偏爱的政府形式在他所生活的年代是标准形式：帝制——权力顶端是强大的君主。在他的理想社会中，君主理应为臣民所敬仰。孔子认为，只有孔子所称的天子，即强大的君主完全掌握帝国，国家才能得到有效治理。孔子说："天下有道，则礼乐征伐自天子出；天下无道，则礼乐征伐自诸侯出。自诸侯出，盖十世希不失矣……"

在孔子的思想中，统治者位于等级制度的顶端，而等级制度明确了社会责任。孔子认为，只有社会的所有成员——无论君主还是普通农夫——都承担起与自己地位相符合的责任，中国才能恢复秩序。在和性格刚直的子路的对话中，孔子解释了其学说的最基本的理念。子路首先问孔子，如果他能领导政府，会采取什么措施。孔子回答道："必也正名乎！"这一莫名其妙的回答让他的弟子迷惑不解。子路说："有是哉，子之迂也！"孔子有点恼火，接着向他解释并反驳说："野哉由也！名不正，则言不顺；言不顺，则事不成。民无所措手足。故君子名之必可言也，言之必可行也。"

孔子这句话的意思其实非常简单：每个人都要尽本分。例如，大臣应该坚守大臣的职责：妥善管理政府、效忠君主。如果他推卸职责、以权谋私或者篡夺君权，那么他就没尽到大臣的职责，因此就不配称为大臣。同样，子民必须承担他们应尽的义务：交税、服兵役以及敬畏君主。否则，他们就不算好子民。名不副实，就会导致混乱和动荡，进而导致政府内讧、人民不满和社会混乱。孔子认为，通过正名可以保证所有人都承担相应职责，从而消除分歧、不良行为，树立良好社会秩序。

这些思想有利于君主的统治。孔子支持君主对国家的专制权力，符合他所处的时代诸侯王所追求的目标。但是这里还有

055

一个重要问题。在孔子的理想世界中，君主并不能随心所欲、为所欲为。他在社会中要承担既定职责。君主应该爱民如子、从人民利益出发治理国家、关心人民福祉。有官员曾问孔子如何得到人民尊重，孔子说："临之以庄则敬，孝慈则忠，举善而教不能，则劝。"如果君主不能履行自己的职责，骄奢淫逸、横征暴敛，像鲁定公一样迷恋歌舞、不理朝政，那么他就无权称君。尽管孔子认为君主专制是最好的制度，但是他理想中的政府并未赋予君主无限权力或任意妄为的权力。孔子支持约束君权，不同意绝对君权。

而约束君权靠的是德。孔子认为，所有人包括君主都应该努力坚持崇高的道德行为标准。这种标准的基础与基督教标准类似。孔子说道："己所不欲，勿施于人。"因此，早在耶稣诞生的五百年前，他就提出了与黄金律相当的思想。君子应具备的最基本的道德是仁。贯穿《论语》始终，他都试图向弟子解释什么是仁以及如何做到仁。孔子曾说过仁有五个特征：恭、宽、信、敏、惠。还有一次，他直接说道：爱人——这句话和耶稣的思想也很相似。孔子认为，能够坚守仁和孔子所倡导的正直、睿智、真诚等标准的人即为君子，而君子所追求的是道。他认为，坚持道非常艰难。他曾说过："圣人，吾不得而见之矣；得见君子者，斯可矣。"

孔子对国君的期望高于对平民的期望。除了恪守这些道德原则，君主还担负着为万民树立道德模范的沉重责任。他可以通过修身统治国家，并从总体上创造理想社会。有人问孔子治理国家的问题。孔子答道："先之，劳之。"还有一次，他对一位官员说："子帅以正，孰敢不正？"他甚至认为，君主有道才能巩固统治，使人民心甘情愿服从统治，使国家富庶，甚至不用武力只靠仁就能统一中国。孔子曾说过："为政以德，譬如北辰，居其所而众星共之。"孔子这些话的核心内容是道德具有真正的力量。

这种思想背后的逻辑很容易理解。大公无私的有道明君，吏治清明，关心小民福祉，所以他能获得万民支持；反之，君主横征暴敛、挥霍无度，对平民勉强养家糊口无动于衷，那么他只能靠恫吓维持统治，就会逼反人民。孔子理顺了这个逻辑：诚信、良好的政策能为君主赢得民众的重要支持，效果优于法律和刑罚。他希望他所处时代的统治者们遵循他的路线，效法古代明君，在中国恢复德治，迎来和平、繁荣的新黄金时代。

我们在这里也许发现了孔子最激进的思想。他所处时代的统治者们迷信军队、征服和财富。他们在乎的是他们是否能比邻国多征召军队、征收赋税。孔子试图告诉他们，他们发展国家的方略是错误的。刀剑和盾牌不能建立帝国；沉重的税收和繁重的兵役不能赢得民心。仁才是增强力量、提高声望的唯一正确的道路。但是在春秋时期，大大小小的诸侯国争抢地盘和税收，为生存相互攻伐，孔子学说无异于对牛弹琴。中国的诸

057

侯咨询孔子的意见时，想谈的是军事战术和地缘政治战略。然而，他们听到的却是伦理道德、历史和诗歌。

中国的执政者们对孔子学说并不感兴趣，这一点在《论语》中有清晰记载。卫灵公询问孔子有关军队队列的问题，孔子答道："俎豆之事，则尝闻之矣；军旅之事，未之学也。"随后，孔子就离开了卫国。野心勃勃的中国诸侯想要务实的马基雅维利，然而，他们接见的老者却引经据典，向他们大谈特谈宫廷典礼。诸侯想要扩大权力，而不是用道德准则和古代教条限制自己。孔子对统治华夏大地的诸侯们寄予的期望太高了。一次被问及当代的官员，他怒道："噫！斗筲之人，何足算也。"孔子的思想过于前卫。中国需要进行彻底变革，才能让国家精英发现他的学说的价值。

公元前484年，孔子收到了鲁国的来信。新君让他回国。这一邀请可能出自冉求之手。冉求是孔子的弟子，在鲁国曾身居高位，有很强影响力。孔子游历多年未取得成果，因而他灰心丧气、身心俱疲，就接受了返回鲁国的邀请。但是他回国后并未得到官位。更有趣的是，司马迁表示他并未要求做官。

鲁国的局势非常糟糕。贵族架空了新君鲁哀公，按照自己的利益自私地管理国家。孔子发现自己影响力非常弱，甚至无法影响自己的弟子。有一次，冉求效命的季氏计划增加田赋，他去问求孔子的意见。孔子试图回避，也许是因为他知道不管自己说什么，冉求也会置之不理。他直接说他对这种事情一窍不通。季氏连续四次向孔子征求意见，但孔子都避而不答。之后，圣人私下去见冉求，表示增加税赋不合理，只会满足贵族贪欲——平民没有必要承担这种负担。孔子说道："君子之行也，度于礼。若不度于礼，而贪得无厌，则虽以田赋，将又不足，若欲苟而行，又何访焉？"冉求对孔子的意见置若罔闻，仍然开征新税。孔子很愤怒。他怒道："非吾徒也。"

孔子不再涉足政事，专心教书、著说。金安平在其创作的圣人传记中表示，孔子最后认命，不再渴望政治成就，过着平淡的生活。也许他努力接受了失意的现实，不觉得悔恨。但是做到这点肯定非常困难。天下仍然动荡不安，中国人民仍然苦难深重，统治者仍然自私自利、贪得无厌。孔子仍然相信，他有解决中国问题的方法，但是没人愿意听。我们可以想象他有多沮丧：孔子老年灰心丧气、备受冷落。

但是就是这个潦倒的人成了后世敬仰的中华文明之父。孔子一生的经历无法说明他对中国历史的影响。在他一生中，他不过是古典学者和老师，他所研究的思想、宣扬的文学来自久远的过去，在他有生之年，他对中国产生的影响微不足道，更遑论他开创了影响中国和东亚大部分国家政治社会发展的庞大学派。从这个角度上看，孔子不是儒家学派的正式创始人，孔子重要的、划时代的作用是后世儒生通过改写历史夸大出来的。孔子甚至承认，他主要传承以前的学说和传统，而不是创建全新的学派。孔子曾说过："述而不作。"

059

不过，孔子还是谦虚了。他生前的失败不会降低他对世界历史的重要影响。从古至今，很多人去世之后才对世界文明产生巨大影响——比如耶稣。尽管除了他的弟子之外，几乎没人意识到这一点，但是孔子却创立了蕴含着伟大力量的学说——这种浸淫于中国历史的清晰连贯的学说提出了建设和平社会的明确理想、为人们提供了行为指南。他拯救、改良了中国圣贤的理论，重新定义了其中一些概念，并把它作为独具特色的学说传给了后人。

然而理解孔子宣扬的思想仍然是种挑战。孔子留给弟子的著述并不多。中国学者一般认为孔子创作、编写或编纂了儒家基础性典籍五经的大部分甚至所有内容。五经包括《周易》（讲解占卜）、《礼记》（讲解礼仪）、《尚书》（史书）、《诗经》（诗集）、《春秋》（记载鲁国历史）。例如，司马迁告诉读者，孔子从三千首古诗中挑选了三百一十一首他认为符合礼义的诗歌，编入《诗经》。由此，孔子保证了古代礼乐可得而述，以备王道。一些学者表示，孔子编纂这些著作是为教育弟子编写课本。也就是说，在孔子之前并不存在五经。帝制时代的学者认为，孔子并非仅仅将古诗、文献汇总在一起。千百年来，儒生认为《春秋》是孔子创作的，是指导政府成功的指南，蕴含着需要解密的、能够揭示儒家学说隐藏智慧的秘籍。五经对华夏文明产生了不可估量的影响。这些著作以及儒家著作——比如《论语》，在中国整整两千年的帝制时代，构建了中国教育和政府的基础。

现代学者怀疑五经以及其他以孔子的名义编纂的著作并不是孔子创作的。有些人认为，他和这些著作毫无关系；还有人认为孔子和他的弟子仅仅代表了大批长久以来起草、编纂这些典籍的知识分子。一些材料创作于孔子出生前，有些甚至更早，而另外一些则创作或编辑于他去世之后，例如，我们今天所知的典籍。

与孔子和儒家思想联系最紧密的典籍——《论语》，几乎可以肯定并非出于孔子之手。儒家一般认为，孔子的弟子根据孔了与他们的对话、孔子的讲学创作了《论语》，不过更多人则认为更有可能是下一辈儒家弟子——孔子弟子的弟子——创作了该书。这并不是说《论语》和其他著作不包括任何孔子原创的内容——其中很多孔子的言论，尤其是《论语》中的言论，至少公认具有可信度。但是我们今天了解到的孔子和他的学说是二手材料，并且可能形式也有过变化，因此我们不能确定材料的准确性。尽管如此，《论语》仍让我们了解了孔子在中国古代学术界的地位和声望。当时书籍非常罕见，只有最受尊敬的人的思想才有文字记载。孔子的作品流传至今恰恰说明当时的学者认为孔子学说是重要的思想。

公元前479年，孔子生病了。他最忠诚的弟子子贡从遥远的楚国赶来看望他。孔子已经差不多十来年未曾见过这位最亲密的弟子了。子贡离开鲁国之后，成了外交家，并颇有成就。

061

子贡到孔子家时，年老体衰的圣人正拄着拐杖在门前散步。这次相聚本应兴奋、愉快。但是孔子却心情不佳。他向子贡抱怨说他来晚了。然后他就唱了几句他所珍爱的古诗——这段诗歌充满了对衰老和人不免一死的伤感：

太山坏乎！梁柱摧乎！哲人萎乎！

孔子眼中噙满泪花。他对子贡说："天下无道久矣，莫能宗予。"

七天后，孔子去世，享年七十三岁。

也许子贡的陪伴让孔子在最后的时光感到欣慰。在生命的最后一刻，孔子肯定感到非常孤单。他的儿子、子路和颜回已经去世了。但至少，在他即将离世时，还有子贡照顾着他。

抑或，子贡的出现刺激了他。子贡在仕途有杰出表现，而他的老师却备受冷落，已被人遗忘。子贡代表着孔子一生想要得到但却从未得到的一切。想到伟大的圣人离开人世时满怀遗憾、妒忌、失望，我们也感觉难受。我们只能希望，在走向生命的终点时，他认为自己的一生不是失败的一生，而是为重整山河坚定不移进行探索的一生。也许他能告诉自己，他并未虚度光阴。

尽管未能实现理想，但孔子却有理由充满希望。子贡代表着另外一种趋势——孔子在公元前 479 年可能未曾预料到的趋势：孔子及其学说的未来。孔子一生所留下的最伟大的财富可能就是他的子弟——他们学识渊博，对孔子、孔子的理想和目标都忠贞不贰。正是这些追随者以及未来更多的追随者将孔子从失意的政治家变成了东亚历史上最有影响的人物。

第一章
孔子：生平

第二章

孔子：圣人

（孔子）以通百王之道，而随天之终始。

——董仲舒

孔子逝世之后，鲁国国君哀公叹道："俾屏余一人以在位，茕茕余在疚。尼父，毋自律。"悲伤的哀公破格下令按照传统修建祠堂供奉孔子，以示尊重。他成了中国两千五百年历史上第一个尊奉孔子的君主。

但是哀公一时的感情流露华而不实。相比生前的孔子，哀公更在意他的离世。哀公虚伪的表演在鲁国引起了人们的批评。子贡尖锐地说："生不能用，死而之，非礼也。"尽管哀公夸张地哀悼孔子，但是孔子和他的学说对鲁国和中国其他诸侯国的统治精英的吸引力并没有因为他的去世而提高。

孔子的弟子对他的哀悼则更加真诚。遵照圣人关于丧葬的礼仪学说，他们聚集在曲阜郊外的孔子墓旁，按照对亲生父亲的礼节，为孔子守孝三年。然后他们才离开。孟子后来记述道："门人治任将归，相向而哭，皆失声，然后归。"子贡留了下来。他在孔子的墓旁建了座小房子，又为老师守孝三年。然后他也离开了，留下孔子孤零零地躺在坟墓之中。圣人的使命终于结束了。但是孔子的故事才刚刚开始。

虽然孔子去世了，但他却并未被世人遗忘。子贡和其他弟子失去了老师，但他们没丧失对孔子思想和事业的忠诚。正如

067

使徒彼得和约翰在耶稣受难之后传播耶稣福音一样，孔子的弟子把他的思想传授给了下一代弟子。这些弟子后来又收了弟子。时光如梭，越来越多的年轻人接受了儒家教育。随着人数的增多，他们开始记录学到的孔子的言论，最后形成了《论语》。另外，他们还编纂了有关孔子思想的文章，阐释他的理念，扩充他的学说。这种做法在一定程度上保持了孔子的生命力，进而使他的思想渐渐发展成了复杂、全面的思想流派。

孟子是早期最重要的思想家。除了孔子，孟子对儒学的发展起到了独一无二的推动作用，后来，他被中国王朝尊为亚圣。《孟子》一书囊括了他的主要思想，采用了与《论语》类似的形式记录他的言论和对话，是最重要的儒家典籍之一。

孟子一生和孔子很像。孟子曾说过："乃所愿，则学孔子也。"孟子活跃于约公元前 4 世纪，其生卒年月在学术界没有确切说法。孟子的出生地离孔子的家乡曲阜不远。和孔子一样，孟子也早年丧父，由意志坚强、教育有方的孟母抚养成人。由于家贫付不起学费，孟母让儿子坐在学校的窗下边听边学。后来学校老师被孟子刻苦学习的精神感动，才让他到教室听课。据司马迁记载，孟子的老师是孔子的孙子子思，不过根据我们所掌握的两人生活的年代判断，这不大可能。这个故事可能是杜撰的，目的是为了拉近孟子和孔子的关系。

和孔子一样，孟子也想做官并从体制内部改良中国政府。孟子时代的中国局势和孔子时代一样充满暴力、动荡不安。这一时期称为战国，约公元前 475 年至公元前 221 年。在这几个世纪里，诸侯国野心勃勃，不断相互征伐，企图统一中国。和孔子一样，孟子也认为他担负着结束中国乱局的神圣使命。有一次，孟子感慨千百年未有圣君出世，说道："夫天，未欲平治天下也；如欲平治天下，当今之世，舍我其谁也？"

所以孟子在大约四十年的时间里，沿着圣人的足迹，游历互相攻伐的诸侯国，谋求官职，向自高自大的君主游说，阐述采纳儒家治国原则是明智之举。他的作风和孔子类似——直接且常常粗鲁。他曾说过："予岂好辩哉？予不得已也。"尽管孟子曾一度在齐国担任高级职务，但他和孔子一样未能赢得中国精英的支持，担任官职的时间也不长。司马迁叹道："天下方务于合纵连横，以攻伐为贤，孟轲乃述唐虞三代之德，是以所如者不合。"

尽管如此，孟子仍然致力于传播孔子学说，并发展了孔子学说。他探讨了圣人几乎没有提到过的话题。最为著名的是孟子探讨了当时人们热烈辩论的议题——人性。当时中国的思想家对乱世感到失望，开始思考人类行为的动机。人性是恶的吗？在这一重大问题上，孟子对儒家思想做出了最重要的贡献，从而决定了儒学此后两千年的发展轨迹。他认为，人性是善的，具体而言就是人类天生有向善的潜质。孟子是第一个阐明这一观点的儒家学者，从而丰富了孔子思想。

孟子为证明他的观点的正确性，举例说，人们看到别人遇

069

到危难，往往表现出积极、善良的本能。孟子解释道：

> 所以谓人皆有不忍人之心者，今人乍见孺子将入于
> 井，皆有怵惕恻隐之心。非所以内交于孺子之父母也，
> 非所以要誉于乡党朋友也，非恶其声而然也。由是观
> 之，无恻隐之心，非人也；无羞恶之心，非人也；无辞
> 让之心，非人也。

但是为了激发善良的本性，人们必须接受教育、陶冶情操，否则他们就会被世俗的欲望腐蚀，忘记本性，变得贪婪、暴力、邪恶。孟子说道："知皆扩而充之（内心善的方面）矣，若火之始然，泉之始达。苟能充之，足以保四海；苟不充之，不足以事父母。"

孟子的观点可谓大胆，在乱世中提出尤为如此。他的观点本质上认为所有人的人性是一样的。暴君和圣君的唯一区别在于他们是否努力培养仁义的天性。孟子又举了个平常的例子，把人比作大麦种子，来证明他的观点。相同的种子应该长出相同的麦秆，但是由于获取的养分不同麦秆之间存在差别。孟子解释道：

> 富岁，子弟多赖；凶岁，子弟多暴，非天之降才尔
> 殊也，其所以陷溺其心者然也。今夫䴳麦，播种而耰

之，其地同，树之时又同，浡然而生，至于日至之时，皆熟矣。虽有不同，则地有肥硗，雨露之养，人事之不齐也。故凡同类者，举相似也，何独至于人而疑之？圣人与我同类者。

然而，孟子并不能代表孔子所有的弟子。孔子去世之后不存在儒家学派，也没有一套与孔子相关的主义和原则。不同的学者对圣人的思想有不同的理解，因此他们对学说的真正含义展开了辩论。其中最重要的辩论是孟子和另一位伟大的儒家思想家荀子的辩论。荀子是中国北方的赵国人，出生年月不详，可能生于公元前4世纪晚期。和孔孟一样，荀子也想做政府高官。他似乎比较成功，曾在楚国做过多年的地方官员。不过，虽然司马迁喜欢长篇大论，但对他的记载只有只言片语：“荀卿嫉浊世之政，亡国乱君相属，不遂大道而营于巫祝，信禨祥。”

尽管荀子现在不如孟子著名，但是在他生活的年代和他逝世后的几个世纪，他在儒学界具有较大的影响力。他和孔孟有相同的目标——纠正中国统治者的荒谬做法，恢复天下和平。与孟子一样，荀子认为孔子可以比肩先贤。荀子写道：“孔子仁知且不蔽。”

但是荀子和孟子在关键问题上存在严重分歧。他们研究了相同的典籍，却得出了不同的结论，对儒家思想的发展产生了

071

深远影响。最明显的一点是，孟子主张性善论，而荀子则持相反的观点。他写道："人之性恶，其善者伪也。"他辩称孟子是不及知人之性，而不察乎人之性伪之分者也。荀子和孟子一样也列举了一些常识性的例子说明自己的立场。荀子写道："今人之性，饥而欲饱，寒而欲暖，劳而欲休，此人之情性也。今人见长而不敢先食者，将有所让也；劳而不敢求息者，将有所代也。此二行者，皆反于性而悖于情也。故顺情性则不辞让矣。"孟子和荀子的人性之争在儒家学派内持续了一千五百年。

尽管孔子的弟子之间存在分歧，但是他们仍然拥有共同的目标：维护他们最敬爱的圣人，抵制竞争流派的恶毒攻击。孟子和荀子想证明孔子学说比其他思想家所宣扬的学说更加优越，并以此为重要动力进行哲学研究。孟子认为，如果不打击欺世盗名的卑劣学说，孔子之道不著，是邪说诬民，充塞仁义也。孔子的盛名和学说的社会关注度让他成了竞争流派的重点批判对象。有些批判下流得让人目瞪口呆。孔子的敌人不仅攻击他的主义，还攻击他的个人品质，辱骂他是叛徒、伪君子，并用其他更难听的话中伤他。

墨家学派创始人墨子发动的攻势也许最为恶毒。尽管如今墨子的学说几乎已被遗忘，但在公元前第一个千年的后半叶他的学说实际上比孔子的学说更受欢迎。墨子的出生时间和孔子去世的时间大致相同，所以他活跃的时间正是孔子的弟子及弟子的弟子在全国传播夫子思想的年代。鉴于他们在早期可能取得了一些成功，墨子对圣人发动了连篇累牍的文字攻势。在一段文字中，他讲了一个关于孔子在齐国求官的故事。在墨子讲的故事中，大臣告诫国君不要给孔子官职，并把圣人说成是只会空谈、不能帮助国君、痴迷典礼的江湖术士。大臣说："孔丘盛容修饰以蛊世，弦歌鼓舞以聚徒，繁登降之礼以示仪，务趋翔之节以观众，博学不可使议世，劳思不可以补民。"在另一段中，墨子把儒生描写成汲取别人生命的寄生虫。墨子痛骂道："（孔子）立命缓贫而高浩居，安怠傲。是若人气，鼸鼠藏，而羝羊视，贲彘起。君子笑之。因人之家翠，以为，恃人之野以为尊。"

道家早期重要的代表人物庄子在其著作中也连篇累牍地描述了孔子。庄子生活的年代和孟子大致相同。他对孔子的态度与墨子相比较为友善，但是庄子多次提到孔子本意虽好，但已误入歧途。在庄子笔下，孔子痴迷地位和名望，傲慢而不知世故，缺乏解决问题的能力。在几段文字中，孔子不是老师，而是以学生的身份接受智者的训导。在一篇故事中，孔子被描写成修上而趋下，末偻而后耳，道家创始人老子叫他过来开始斥责他。老子训道："去汝躬矜与汝容知，斯为君子矣。夫不忍一世之伤，而骜万世之患！"

在另外一篇颇具讽刺意味的故事中，庄子讲了孔子企图说服在全国各地流窜作案的罪犯盗跖放弃行恶，把聪明才智用到对社会有用的地方。通过这则故事，庄了借趾高气扬的对手谩骂孔子。孔子礼貌地讲述了来意之后，盗跖呵斥孔子，骂他是爱管闲事的傻子，他的思想在全国都不受欢迎。盗跖怒道："缝衣浅带，矫言伪行，以迷惑天下之主，而欲求富贵焉，盗莫大于子。上无以为身，下无以为人，子之道岂足贵邪？子之道，狂狂汲汲，诈巧虚伪事也。"孔子没有完成任务，落荒而逃，精神萎靡、茫然若失。庄子写道，"他目茫然无见，色若死灰。"孔子一上车，"据轼低头，不能出气。"

战国末期，孔子的敌人似乎占据了上风。公元前221年，秦国国君嬴政一统天下。历经五个世纪的纷争与战火，中国终于被新王朝秦朝统一。为了彰显这一伟大功绩，嬴政宣布建立新帝国，并为自己创造了新称号：皇帝。国君嬴政从此成为始皇，即秦始皇。

始皇并未夸大统一中国的历史意义。他创建的帝国在以后的两千一百年中成了中国帝制的基本模式。秦抛弃了周分封诸侯的统治方法，建立了直接由职业官吏管理的行政区域。相比以前，权力更集中于中央政府，都城咸阳（今陕西省咸阳市）成为决策中心。秦统一了中国，建立了足以恢复和平和秩序的强大政府，似乎实现了孔子的梦想。

但是秦建立的秩序不同于孔子口中的秩序。秦推崇儒家学派的竞争流派：法家。讽刺的是，法家和儒家同根同源。法家的创始人之一、公元前3世纪的学者韩非子是荀子的弟子。但是关于有道政府和理想社会，法家提出了与儒家截然相反的观点。尽管韩非子尊重孔子，推崇他的原则性，但是他却认为圣人是无可救药的理想主义者。韩非子辩称，孔子关于只以仁义维系和平的观点是愚蠢的。人们自私自利，不可救药，因此他们永远达不到孔子的高尚道德标准。恢复社会秩序的唯一方法是依靠法律；维护政府权威的唯一方法则是国家权力最大化。

为了证明这一观点，韩非子强调孔子生前只有为数不多的中国人坚持他的事业，并以此嘲笑他。韩非子写道：

> 民者固服于势，寡能怀于义。仲尼，天下圣人也，修行明道以游海内，海内说其仁，美其义，而为服役者七十人，盖贵仁者寡能义者难也。今学者之说人主也，不乘必胜之势，而务行仁义则可以王，是求人主之必及仲尼，而以世之凡民皆如列徒，此必不得之数也。

在韩非子看来，儒家重视研究经典、崇尚古风的做法不足以达到治理国家的目的。他认为，孔子没认识到自己的学说不但不能维护公共秩序，还会破坏秩序。如果统治者遵循孔子之道，政府就会解体，国家也会陷入混乱。韩非子写道："错法以道民也而又贵文学，则民之所师法也疑。赏功以劝民也而又尊行修，则民之产利也惰。夫贵文学以疑法，尊行修以贰功，索国之富强，不可得也。"

这种思想显然十分符合秦始皇这种权力欲旺盛的强人的胃

075

口。秦朝一人之下万人之上的丞相李斯和韩非子师出同门，但他同样背叛了儒家。秦统一中国之后，皇帝和李斯建立了中国第一个中央集权的专制王朝。法令、命令从秦的都城发往四方，以军力为保证得以实施。为了维持强大的军力，秦对平民征收重税。政府征发成千上万的劳役修建长城，抵御来自北方高原的游牧民族的不断侵袭。政府鼓励人民互相监督。违法者常常处以极刑、肉刑或罚做劳役。

儒家震惊了。他们认为，始皇严重背离了古道，正把中国带向毁灭。公元前 213 年，皇帝安排宴席，宴请七十位博士，其间儒家的不满走向公开化。据司马迁记载，这次宴会开始时非常愉快。仆射周青臣用溢美之词赞美始皇，称赞他神灵明圣。周青臣赞誉道："自上古不及陛下威德。"但是随后晚宴就发生了转折。另外一个学者淳于越走上前，当着客人的面尖锐地批评始皇。淳于越预言，因为他不吸取历史教训，所以他的帝国注定会灭亡。淳于越说，古代王朝千余岁是由于封子弟功臣，"自为支辅。今陛下有海内，而子弟为匹夫，臣无辅弼，何以相救哉？事不师古而能长久者，非所闻也。"淳于越的观点也正是孔子的观点。孔子用他所认为的古代圣君订立的标准评判当代统治者；淳于越和许多后世的儒家也是如此。

始皇对淳于越的说法忧心忡忡，随即询问李斯的意见。李斯立刻责难儒生。李斯说："陛下创大业，建万世之功，固非愚儒所知。今诸生不师今而学古，以非当世。"李斯附和韩非子的观点，告诫始皇纵容儒生研究历史和文学存在危险。李斯进谏道："私学乃相与非法教之制，闻令下，即各以其学私议之。"李斯预言，这些异议最终会导致秦朝灭亡，因此不能容忍。他说："异趣以为高，率群下以造谤。如此不禁，则主势降乎上，党与成乎下。"

随后李斯提出了一个重要建议。为消除异议，李斯建议秦规定教育和舆论为国家服务，禁止儒家钻研古籍并借此批评政府。李斯说，私人拥有的所有古籍和史书（除了秦的史书外）都应交给政府官员，悉烧之。他提议，在私人谈话中提到这些古籍也应处以极刑。三十天后仍然拥有这些古籍的黥为城旦。最后，以古非今者族。

司马迁记载了这种政策的恶果。他写道，"始皇批准了他的建议，收集、处理了诗、书、百家之言，以愚黔首，保证天下人不能道古以害今。"这一事件在中国历史上被称为"焚书"。

但是，儒家和其他流派的学者不会轻易退缩。有些人冒着巨大风险救下了珍贵的典籍。相传，孔子后裔将《论语》和其他典籍藏在了曲阜孔府的墙壁之中。两位勇敢的学者侯生和卢生勇敢直言，反对始皇和他的残暴做法。他们抗议道："上乐以刑杀为威，天下畏罪持禄，莫敢尽忠。上不闻过而日骄。"然后他们就逃跑了。

始皇龙颜大怒。他坚持道："吾前收天下书不中用者尽去之。悉召文学方术士甚众，欲以兴太平。"然后皇帝命令御史

077

追查这些学者。结果很可怕。司马迁记述道："诸生传相告引。乃自除犯禁者四百六十余人，皆坑之咸阳，使天下知之，以惩后。"

现代学者认为焚书坑儒的故事是后世学者（如司马迁）的夸大之词，是为了抹黑秦朝。他们认为，政府可能确实控制了获取古籍的渠道。李斯认为统一的国家需要统一的政治意识形态，所以他可能没收了私人收藏的典籍，放到了帝国图书馆中，只允许政府许可的人阅读。秦朝朝廷也并未完全禁止阅读典籍。始皇会向学者咨询礼仪事务，他的一些铭文也引用了古籍的文字。总之，秦也许并非如史书所描绘是儒家的大敌。

李斯的思想控制措施没能挽救秦王朝。正如儒家所料，秦的严刑峻法助长了反对势力。人民揭竿而起。公元前 210 年，始皇突然驾崩。人民起义的序幕由此拉开。宫廷政治阴谋最后让李斯死于非命。司马迁记载，政敌指控他谋反，榜掠千余，不胜痛，自诬服。李斯在秦的都城街市上被腰斩。公元前 206 年，咸阳被义军攻克。四年后，义军首领、原来秦的低级官吏刘邦建立了新王朝——汉朝。随着汉朝的兴起，儒家的命运永远地改变了，亚洲文明进程也永远发生了改变。

刘邦常常被描绘成对儒家典籍一窍不通、农民出身、未受过教育的军人。不过，刘邦（即汉高祖，高皇帝）受过一些教育，否则他不可能当上秦朝的低级官吏。不过，他肯定不是儒家。有个故事提到，一群儒生身着传统礼服走过时，刘邦突然从一个人头上夺过一顶帽子，往里面小便。

这个义军首领当上皇帝后，迫于统治庞大帝国的需要，开始重新考虑自己的态度。汉朝继承了秦朝开创的中央集权，无意过度分权。但是完全像秦朝一样统治也不在考虑之列。尽管秦朝军力强大、物资充足，但王朝不久就崩溃了。很明显，始皇及其继承人都犯了严重的错误。如果高祖想使汉朝万世长存，他必须采用更优越的政府形式。

但是应该创建什么样的政府呢？尽管高祖和他的战友不知道如何治国，但儒家知道。汉朝建立之时，儒家已经拥有了丰富的行政经验，对中国历史有深刻了解，最重要的是，他们具备清晰的行政理念和治理原则。为了治理日益扩张的庞大帝国，管理日益复杂的国家事务，证明新政权的合法性，汉朝朝廷开始认为，圣人的弟子掌握的思想能够成为表明帝国统治合法性的意识形态，并指导国家政策的制定。因此，孔子对现实的重视使后世儒家成为受益者。

同时，儒家非常擅长向汉廷推销自己的思想。他们以秦朝的迅速灭亡为例，支持他们的政府理论，辩称秦的致命缺陷是施行严酷统治。政治高压不但不能使人民永远支持国家，还会助长仇恨与反叛。由此可以判断，秦朝灭亡是由于君主未赢得民心；他们失势是由于他们毫无人道。汉朝初年，大政治家贾谊在一篇文章中说明了这一观点。他写道："秦以区区之地，致万乘之势，序八州而朝同列，然后以六合为家，一夫作难而

079

七庙隳，身死人手，为天下笑者，何也？仁义不施而攻守之势异也。"也就是说，秦朝皇帝失败是由于他们忽视了孔子最核心的一个原则——道德胜于武力。

觐见高祖的儒家充分说明了这一点。公元前195年，著名的儒家学者、外交家陆贾觐见皇帝时引经据典，但是新皇帝非常蔑视古代典籍。高祖对他说："乃公居马上而得之，安事诗书！"陆贾的回答非常完美。他先反问："居马上得之，宁可以马上治之乎？"高祖的兴趣显然被提了起来。他让陆贾写了一部关于秦所以失天下，吾所以得之者何，及古成败之国的著作。

这部称为《新语》的著作详细阐述了儒家思想，着重强调王朝命运取决于德。陆贾写道："谋事不并仁义者后必败，守国者以仁坚固。"陆贾还信誓旦旦地告诉高祖，孔子早已定下了治理天下的方法。他写道："礼义独行，纲纪不立，后世衰废；于是后圣乃定五经，明六艺，承天统地，穷事微。孔子这么做是为了匡衰乱，目的是智者达其心。圣人节奢侈，正风俗，通文雅。"

然而，高祖和他的朝廷从未坚定地应用儒家学说。汉朝最初的几十年，统治者实验了各种学说——儒学并非最有影响的学派。秦朝遗留的法家在他们创建的官僚制度中仍根深蒂固，在政府中仍有实力。汉朝最初也并未采取清洗措施。道家也很有影响力。经过秦朝的严酷统治，道家的无为而治思想似乎尤

080

其适合新王朝。再过几百年，孔子才能成为中国最重要的圣人。

这一过程在武帝统治时期才真正拉开序幕。公元前141年，年轻的汉武帝登基。他在位期间颁布了一系列教育和行政政策。随着时间的推移，这些政策将使儒家思想植入中国帝制的基本结构中。

为什么武帝会选择孔子？也许宫廷政治是原因之一。尽管武帝已经登基，但他发现自己仍被坚定奉行道家思想的窦太后控制着。武帝在朝堂上提拔儒家的行为也许是为了架空这位气势凌人的老太太。在武帝登基之后的几年间，新帝和祖母之间的角力影响了孔子的地位。

武帝登基后不久就试图改变汉朝统治的思想基础，打击声名狼藉的法家。他发布法令，禁止法家为官。有学者认为，这一决定是武帝在儒家顾问的指导下制定的，目的是清洗政权中非儒家分子。但是一年之后，太后就废除了这个法令，而且并未善罢甘休。武帝身边聚集了一群博学的儒家学者。他们建议恢复古代宫廷礼仪，修建周朝风格的殿堂。武帝崇尚奢华，发现这些政策符合胃口，就有心实施，但是太后反对。司马迁写道，"在计划实施前，窦太后不好儒术，使人微得赵绾等奸利事。"两名受到指控的官员自杀。武帝无奈，只好放弃了儒家的建议。

帝国宫廷的政治变故最终使武帝无法给予孔子更重要的地位。公元前135年，太后因病去世，儒家扩大影响力的主要障

081

碍也随之消失。同时道家思想的影响力也在降低。道家的无为而治不够活跃、强势，无法成为建设帝国的成熟基础。儒家终于可以自由自在地将自己的思想植入帝国政府之中。

学者董仲舒（公元前 179—前 104 年）在说服汉朝采纳孔子学说方面发挥了无与伦比的作用。尽管他一般不能和孟子和荀子等最伟大的儒家思想家相提并论，但他无疑是中国历史上最有影响力的学者之一。他是最成功的儒家宣传员。他改造了儒家思想，向汉朝精英推广儒学，推动儒学从诸子百家的一个流派转变为中国主导传统思想。据汉代历史记载，受董仲舒的长期影响，儒家学说得以在全国广泛传播，从而家喻户晓。国家培养学者、建立学校、资助教育。董仲舒开启了这一切。

按照儒家惯例，董仲舒是学者也是官员，曾一度担任朝廷官员。据司马迁记载，他的教学方法有点古怪。司马迁写道："下帷讲诵，弟子传以久次相受业，或莫见其面，盖三年董仲舒不观于舍园，其精如此。"

《春秋》是讲习的主要内容。董仲舒认为，在五经中这本鲁国的历史书最为重要——他流传至今的文集就叫《春秋繁露》。在一般人看来，《春秋》不过是一部言简意赅、枯燥晦涩的编年体史书。现代历史学家曾戏谑，这部著作文笔和纽约电话簿差不多。但是，在董仲舒的年代，很多人认为这部著作的作者是孔子。董仲舒认为，圣人在这部书的字里行间隐藏了历史道德教训：认真钻研《春秋》能参透君主保证天下繁荣、和平的方法。董仲舒认为，行为准则由上天为人类订立。在他的著作中，上天是惩恶扬善的神力。无视《春秋》的智慧等于逆天而行，会招致灾祸。

董仲舒将这些思想联系到一起，从而大大提高了孔子在人类历史上的地位。既然无视《春秋》的智慧就相当于逆天而行，而孔子编写了《春秋》，那么拒绝孔子就是蔑视上天的旨意。董仲舒将孔子变成了至圣，唯一能够完全理解天意的人，正确与错误、善良和邪恶的最终仲裁者。他写道，"孔子通百王之道，而随天之终始。"引申开来，孔子的弟子（比如董仲舒）是唯一具备深刻理解力的人，他们能判断上天对皇帝的期望，指导他制定合理的国家政策。董仲舒提出这一观点，阐明了儒家思想，也解释了一个人如何成为英明的政治家。他赋予了儒家解读天意的权力，使他们在现实的宫廷政治中能够排挤其他思想流派。

董仲舒通过分析《春秋》丰富了儒家思想。由于他的巨大贡献，孔子学说从关注道德、有道政府、合理人际关系等现实问题的传统伦理学说转变为了揭示人与宇宙运行关系的普遍哲学。因此，在我们看来，他推动了儒学的宗教化。历史学家称董仲舒是儒学的第一位神学家。他吸收了其他学派和传统的流行思想，与时俱进，使儒家学说成了汉朝的新文化。他借鉴了道家和墨家的思想，尤其吸收了阴阳概念，即两种相互制衡的力量决定了世界变化的规律。在他所生活的年代，阴阳概念已经非常成熟。在董仲舒的帮助下，儒学具有了兼容并包的能力，从而获得了汉朝社会的青睐。董仲舒开启了儒学包容中国不同传统思想和文化元素的进程。

在儒学历史上，董仲舒首次明确赋予了人在宇宙中的特殊作用。在董仲舒所构建的宇宙中，人在维系世界秩序方面具有不可或缺的作用。人坚持儒家的孝、仁等道德原则，依天意而行，能保证人间甚至全宇宙的和平。人、天、地三位一体，三者的关系密不可分，缺一不可。董仲舒写道："天地人，万物之本也。天生之，地养之，人成之。三者相为手足，合以成礼。"人不发挥应有作用，世界就会陷入混乱。

但是，人单靠自己无法完成这种重任。董仲舒认为，人有善的潜力，但需要经过训练和指导，才能激发潜力。董仲舒从政治上巧妙地丰富了孔子的思想，赋予了君主超级导师的角色——只有君主才能帮助人依天意而行，确保世俗的繁荣。董仲舒解释道："性如茧如卵。卵待覆而成雏，茧待缫而为丝，性待教而为善。立王以善之，民受未能善之性于天，而退受成性之教于王。王承天意，以成民之性为任者也。"董仲舒认为，统治者是万物之枢机和上天的代理人，君主的德行决定了人类社会的命运和宇宙的稳定。董仲舒写道："王者，人之始也。王正则元气和顺、风雨时、景星见、黄龙下。王不正则上变天，贼气并见。"董仲舒把帝制政府放到了广阔的新儒家世界观之中。实际上，他提出了君权神授思想，使汉朝得到了上天的眷顾。

武帝登基之后要求当时的大学者提意见，完善汉朝政府、解决帝国面临的问题。董仲舒抓住机会，推销经他修改过的儒学。董仲舒不断引用《论语》，向皇帝说明，以义治天下则天下治。他主张："为政而宜于民者，固当受禄于天。夫仁、谊、礼、知、信五常之道，王者所当修饬也；五者修饬，故受天之佑，而享鬼神之灵，德施于方外，延及群生也。"

董仲舒向皇帝提出了更多实际建议，对武帝、儒家思想的命运以及中国历史的发展进程产生了巨大影响。他建议皇帝建立太学，为国家官僚机构培养学者，提高汉朝行政机构官员的素质。董仲舒认为："养士之大者，莫大乎太学；太学者，贤士之所关也，教化之本原也。……臣愿陛下兴太学，置明师。"

最重要的是，董仲舒请求皇帝将儒学的地位提升到所有学派之首。董仲舒认为，中国需要统一思想，以保证政策的统一性和人民的支持。在这一点上，他和秦朝丞相李斯并无区别。不过李斯企图用武力推行单一意识形态，而董仲舒则不露声色地通过树立儒家在中国朝廷及教育系统的主导地位提高儒家的地位。董仲舒对皇帝说："今师异道，人异论，百家殊方，指意不同，是以上亡以持一统；法制数变，下不知所守。臣愚以为诸不在六艺之科孔子之术者，皆绝其道，勿使并进。然后统纪可一而法度可明，民知所从矣。"

武帝觉得很好，采纳了董仲舒的建议。公元前 136 年，他

第二章

孔子：圣人

将学习五经定为政府学术性官职的入职要求。公元前 124 年，他建立太学，教授以五经为基础的课程，培养官员。通过这些政策，皇帝开始强制要求有志高官厚禄的人学习儒学。实际上，这些政策赋予了儒学国教地位。据《汉书》记载，董仲舒对册（给朝廷的书面建议），推明孔氏，抑黜百家。儒学思想家冯友兰有进一步的理解。他认为："从此以后，想进入仕途就必须拥护儒学，并且这种儒学必须是符合政府要求的儒学。言论和思想的自由氛围完全消失了。"

冯友兰的观点有点夸张。武帝虽然定下了推崇孔子、排斥其他思想家的政策，但是在他统治时期，圣人并未主导中国的思想。不管皇权多么强大，那种认为皇帝只要下几个诏书就能立刻使所有政府官员死心塌地遵守一种学说的想法太简单了，更别提整个社会了。实际上，现代学者认为，武帝在位期间，孔子的影响力仍然很小。尽管新设的太学要求学生专门学习五经，但是他们接受的儒学教育的学时只有一年，影响有限。最初只有一小部分政府官员曾在太学学习。在太学设立早期，只有五十名学生完成了学业。历史学家也认为，在武帝的心腹顾问和大臣中，只有少数是虔诚的儒家——据统计，七十六人中只有六人。武帝是否有意将中国改造成儒家社会也并不明确。他热衷于战争、盛大典礼，好大喜功，从未真正坚持儒家原则和政策。在他统治期间，他对儒学似乎也失去了兴趣。

对于编纂于这一时期的历史文献，我们也必须持谨慎态度。

在汉朝前期，司马迁和其他史学家可能夸大了圣人的重要性。在帝制确立后的几个世纪，中国历史学家把所有古典学者——文人或儒者——归为孔子的弟子，从而夸大了儒家的作用。尽管五经与孔子学说联系紧密并受到后世支持者的宠爱，但各类自认为是儒家或不是儒家的学者也阅读这些典籍——中华文明的创始书籍。

孔子是否受到公众的支持也不明确。勤奋的司马迁在一次调查中造访了孔子的故乡曲阜，发现圣人的信徒们在他的陵墓周围建成了一个聚居区，形成了一个名为孔村的城镇。逢年过节，他们在他的陵墓举行祭祀仪式、村民宴会和射箭比赛。孔子故居被改造成了祠堂，保存他的衣服、帽子、瑟、马车和书籍。但是，（至少历史学家认为）没有证据表明曲阜之外的地方存在祭孔风俗。另外没有历史记载显示汉朝前期的皇帝在都城举办过祭孔仪式和典礼。最后，我们无法明确汉朝统治确立后的两百年间孔子的重要程度。

不过，可以确定的是，随着时间推移，汉朝越来越儒家化。汉朝一个官员曾短暂篡位。公元 25 年东汉建立，皇室复辟。之后儒学和帝制的关系越来越紧密。由于武帝强制要求太学所有学生学习古代典籍，所以随着时间推移，尤其是每年在太学学习的学生人数急剧增长，到公元 2 世纪已达三万人，因此政府中受过儒家传统教育的官员比例越来越高。高级官员中儒家的比例也越来越重。据估计，东汉约 70% 的政府高官是儒家。

东汉的皇帝也更加儒家化。他们开始按照儒家礼仪祭祖。孔子成了帝国崇拜的对象。据正史记载，东汉皇帝曾三次前往曲阜的孔庙祭孔（祭孔起源比较模糊）。公元59年，东汉朝廷下旨强制要求所有官方学校祭孔。

据现代学者考究，东汉开国皇帝光武帝统治期间，朝廷的儒家化过程出现了关键转折。在他之前，汉廷的儒者必须劝说皇帝接受儒家思想和做法；光武帝登基之后成为首位用儒学证明政权合法性的皇帝。光武帝宣扬谶纬之学，以此证明上天转移了天命，即把统治权交给了他。虽然这些典籍如今已被清除出儒家学说，但当时却备受推崇——实际上，它们被描述成孔子的秘籍，由圣人亲自编纂、埋藏，供后人发掘。实际上，这些典籍成书较晚，也许创作于公元1世纪前叶。这一历史时期的一些儒家认为，上天会降下预兆显示对帝国行为的不满或反对。谶纬偏重预言。光武帝在全国推广这些典籍，而质疑典籍正确性的人会受到处罚。

在东汉时期，孔子不再是凡夫俗子。正是在这一时期，他开始被称为"素王"，即本应统治中国但未居帝王之位的人。这一观点的理论基础是董仲舒对《春秋》中关于公元前481年鲁国发现麒麟这一记载的解读：孔子去世前得到了天命。汉朝有则故事讲到，"赤鸟化为黄玉。刻曰：孔提命，作应法，为赤制。"在谶纬的作者看来，孔子不是学识渊博的圣人，而是拥有神力的传奇人物。就连他的外貌都不是凡人应有的外貌。汉代文献吹嘘，"孔子身长十尺，海口尼首方面，月角日准河目，龙颡斗唇，昌颜均颐，辅喉骈齿，龙形龟脊虎掌，立如凤崎，坐如龙蹲，胸文日'制作定世符运'"。

在去世五个世纪之后，孔子成为主宰，拥有其生前从未梦想过的权力和影响。但是他的漫长传记还会出现更多曲折和变化。

089

第二章
孔子：圣人

第三章

孔子：王者

大哉至圣，生民未有。

——帝制时代释奠礼祭词

在中国学术界，孔子的巅峰地位并不如表面看上去那么牢固。经过内部争权夺利、自然灾害和农民起义的打击，东汉末代皇帝于公元 220 年退位，东汉灭亡。这一事件沉重打击了孔子。圣人已经和汉朝紧密联系在了一起，汉朝的灭亡削弱了他在中国社会中的威望。中国又出现了诸侯割据的局面，儒家失去了昔日汉朝强大的中央政府的支持。

约公元 1 世纪，佛教从诞生地尼泊尔传入中国，信徒数量稳定增长。尽管董仲舒在儒家学说中融入了宗教的成分，但是儒学作为实用哲学无力争取中国农村的民众。而佛教关于永恒救赎的精神教义对他们更有吸引力。在汉朝灭亡后的七个世纪里，佛教的发展和传播成为了中国宗教文化的主题。庙宇如雨后春笋般在全国各地拔地而起，僧侣的数量激增。道教也蓬勃发展。儒学发展停滞，进入黑暗时代。儒家学说在学术上没有进展，也没有出现伟大的评论家和思想家。

但这并不是说孔子被人们遗忘了。他的学说仍然是政府的主要意识形态，儒家仍然在汉朝灭亡后的大小诸侯的宫廷中任职。更重要的是，儒家思想在全国教育体系中的地位更加稳固。公元 587 年，隋朝（581—618 年）建立了闻名于世的科举取士制度，通过这一制度，政府开始招募职业官员，充实帝国官僚体系。隋朝仿效汉武帝将儒学五经定为官方考试科目。这是儒学历史上最重要的一个政策。科举考试成为了儒家思想在人民中间进行传播的重要手段。

这一时期也出现了以圣人为中心的国家教义。公元241年，魏国皇帝下令在太学祭孔——这是在曲阜以外祭孔的第一次明确记载。两个世纪以后，短命的刘宋王朝建立了第一座全国性孔庙。唐朝（618—907年）开国皇帝命令全国学校设立孔庙，定期祭孔，从而极大地扩大了国家教义的影响。

然而，唐朝对儒学的支持力度与汉朝仍然无法相比。唐朝皇室思想开明，对各种不同传统和从中亚与印度沿着商路传入中国的时髦文化，包括佛教，都有所涉猎。儒家非常恐慌。对他们而言，佛教是文化侵略，会削弱并否定中国本土传统文化。有的儒家将佛教称为蛮夷之教，有的抨击佛教行为腐化堕落，摧残人民。公元819年，公元后第一个千年最有影响力的儒家思想家、政府官员韩愈听说皇帝要迎佛骨到都城，上奏提出激烈意见。他写道："百姓愚冥，易惑难晓，苟见陛下如此，将谓真心事佛，伤风败俗，传笑四方。"由于这篇奏章，韩愈被贬谪到了中国南方。

儒家痛恨佛教的原因显而易见。这两种学说以及创立这两种学说的思想家如水与油一样互不相容。孔子为人注重现实。他一生关心时事，一心想改善现实世界，刻意回避往生和宇宙起源等玄奥的问题。但是佛祖却宣扬现世无足轻重，鼓励信徒逃避今生。儒家认为社会可以完善，并进行相关实践；而佛教徒则认为世界皆虚幻，应予以抛弃。儒家无比蔑视和尚。他们认为，和尚不仅逃避服务社会的责任，还像寄生虫一样从中渔利。

公元 8 世纪，唐朝开始衰落，中国再次陷入混乱。儒家将国家的弊病归咎于佛教的传播。儒家认为，佛教蒙蔽了世人的思想，让人们遗忘了儒学的智慧。韩愈写道："不入于老，则入于佛。入于彼，必出于此。后之人其欲闻仁义道德之说，孰从而听之？今也举夷狄之法，而加之先王之教之上，几何其不胥而为夷也！"

新朝代的兴起给了儒家新的希望。公元 960 年，宋朝建立。宋朝君主以自汉朝以来无与伦比的热情拥护儒学，其热衷程度也许超过了以往中国历史上的任何君主。宋朝统治中国三个世纪，它的政府形式、教育制度和国家意识形态都为中国后世王朝所沿用，而孔子及其学说则成为了国家政治的主导力量和毋庸置疑的核心。宋朝再次将孔子推上了素王的宝座，直到 20 世纪早期帝制结束，他才从宝座上跌落下来。

宋朝不是通过儒家之道，而是通过兵变夺取政权。后周是唐朝灭亡后建立的一个短暂王朝。后周受到外敌入侵，大臣赵匡胤率领部队开出都城，佯装前往边境抵御蛮族。实际上他命令军队胁迫皇室，逼迫六岁的皇帝逊位。赵匡胤随后宣布建立宋朝。他去世之后，追加庙号太祖。

宋太祖是中国历史上最有才能、最有创造性、最果断的皇帝之一。他所建立的新王朝需要站稳脚跟，因此他需要发挥所有才能让王朝生存下去。北方部落已经夺取了西北原属于中国的一大片土地，对中国内地也虎视眈眈。中国经历了几十年乱世。太祖必须完成国家统一大业。此外，他还担心手下将领背叛他、分裂他的新帝国。为巩固新王朝，他需要清晰的策略和强力的意识形态，巩固他的统治。

儒家对此早有准备。韩愈认为，解决国家弊病的方法就是恢复被人们忽视的古代贤王之道——孔子传授的并记载于其典籍中的道。孔子的弟子认为，一旦儒家复兴，国家就会恢复和平和繁荣。1050年，重要的儒家思想家程颐在写给宋朝朝廷的奏章中说道："后之愚者，皆云时异事变，不可复行，此则无知之深也。然而人主往往惑于其言。"只要人民重新了解孔子的天才思想和古典智慧，中国所面临的问题就可以迎刃而解。

太祖和他的继任者从善如流。当时中国的思潮也将他们推向了孔子学说。从一定程度上讲，圣人没费吹灰之力。唐朝和唐朝之后的大大小小的短命王朝都深受佛教和道教的影响，但是长达一个世纪的乱世削弱了这两种教义作为统治意识形态的基础。另外，佛教对来世的痴迷也似乎不适合处理宋廷所面临的现实挑战。与之相反，儒家思想家对历史典故、治国原则了如指掌，能够使之成为制定国家政策的基础。宋朝皇帝和儒家建立了密切的合作关系，几乎形成了天赋皇权的帝王与依靠儒学教义获得影响力的士大夫共治天下的局面。这种政府模式在帝制时代将持续八百年之久。

这种关系对孔子的未来产生了巨大影响。他的学说作为统治意识形态的地位终于巩固下来，从此儒家一劳永逸地解决了众多对手。尽管道教和佛教在大众中仍很有市场，但儒学却牢牢掌控了政府和教育，并深深植根于中国人的日常生活和家庭行为之中。从此孔子成为了华夏文明最有影响力的历史人物，他所创立的学说将华夏文明与被中国人视为蛮夷的周边文明区分开来。尽管如此，孔子的崇高地位也成为他的梦魇。他成为了帝制以及帝制之下的中国社会制度的象征；当这种传统制度在近代受到西方思想的冲击时，圣人和以其之名构建的社会沦落为落后的代名词。

但是此时距离孔子跌落神坛还有几个世纪。随着宋朝基业的开创，太祖立刻受到了儒家的欢迎。尽管他依靠武力夺取了政权，并任命高级将领为地方节度使，但他很快又巧妙地剥夺了他们的兵权。这个决定既降低了强硬派将军们篡夺宋朝皇位的风险，也争取到了儒家的支持。相较军事，儒家更喜欢民政，他们称为以文制武。宋朝史书骄傲地夸耀，"艺祖革命，首用文吏而夺武臣之权，宋之尚文，端本乎此。"

接下来，太祖颁布了将帝制与儒家永远捆绑在一起的政策。新皇帝恢复了科举考试，大大扩大了它的范围和影响。宋代以

097

前，多数政府职位仍由名门望族子弟把持。他们不是通过科举考试，而是通过在政界的关系取得官职。宋朝提高了科举制度的地位，使它成为获取政府高官厚禄的主要途径，从而改变了这种局面。相较前代，宋朝有更多官员通过科举考试进入仕途。973年，太祖在科举考试的殿试中亲自监考，进一步强化了士子与宋廷的关系。

这些改革有三个重要目的：第一，建立了年轻的官吏队伍，相比家族和地方利益，他们更忠于皇帝，从而加强了中央集权的帝制政权。第二，不依门第而依教育取士的改革使宋朝的官吏队伍更加专业化。最后，由于太祖推行科举，孔子学说能够更深刻地渗透到中国社会和文化之中。与前代一样，考试科目仍只包括儒家典籍。这意味着，想入仕途就得集中主要精力学习儒家教义。历史学家（德国维尔茨堡大学教授）迪特尔·库恩曾说过，"由于这些改革，宋的建立标志着中国帝制史发生了最有决定性的转折。"

宋朝初期的皇帝都是虔诚的儒家帝王。宋朝第三位皇帝真宗以作为勤勉的模范帝王而自豪——每天黎明时分，他和大臣开始朝会，过了早饭时间，他仍在听取户部、兵部、吏部尚书的报告。宋朝初期的皇帝采用新技术传播儒学。由于印刷术的进步，包括11世纪活字印刷术的发明（比古登堡早四个世纪），降低了制作图书的成本，扩大了图书传播的范围。1011年，真宗钦定编纂完成了一套新的权威儒学典籍。

皇帝对孔子也表示了充分的尊重。宋朝正史详细记载了真宗巡游圣人故乡曲阜的历史。史书记载："内外设黄麾仗，孔氏宗属并陪位，帝服靴袍，初，有司定仪肃揖，帝特展拜，以表严师崇儒之意，亲制赞，刻石庙中。复幸孔林，以树拥道，降舆乘马，至文宣王墓，设奠再拜。"

至此，儒家获得了他们所梦寐以求的，先师从未得到的一切：政治权力。成千上万积极进取的，接受过儒家理想、儒家历史观、儒家政策倾向和治国方略熏陶的新官僚涌入政府部门。儒家从而把持了帝制中国的政策制定——这种局面一直持续到20世纪初期最后一个帝制王朝清朝灭亡为止。

既然终于拥有了长久以来向往的政治权力，儒家就想充分加以利用。在圣人首次向中国统治者进谏后的约一千五百年，宋代儒家开始努力在朝政中应用他的思想。儒家认为他们掌握着正确的德治路线，因而希望皇帝听从他们的意见。思想家、学者程颐上书，明确指出皇帝虽然至高无上，但倘若他无视儒家大臣的意见，也会失败。程颐说道："从古以来，未有不尊贤畏相而能成其圣者也。"程颐亲自向皇帝讲解儒家伦理观，他的严肃态度让中国大权在握的君王都有所顾忌。一次有人劝程颐对皇帝多加尊重，他却说："吾以布衣职辅导，亦不敢不自重也。"

程颐并不是唯一执拗地向统治者直言进谏的士大夫。例如，1071年，皇帝表示为了造福百姓进行改革，但丞相文彦博却说："为与士大夫治天下，非与百姓治天下也。"历史学家迪特尔·库恩表示："这种言论反映了有关帝制的新观点，表明了宋朝士大夫不同于孔子，明显具有独立思维和自尊。"美国历史学家鲍弼德提出："帝王和职业官僚的这种关系改变了帝制政权的性质，开创了他称之为士大夫政府的政治制度。"

尽管儒家掌握了制定国家政策的权力，但是他们的内部在政策的具体制定上却并非没有分歧。他们与前辈一样，对如何解读孔子学说以及如何将学说转变为政策制定的依据莫衷一是。因此，朝廷内部出现了大规模的、残酷的意识形态斗争。在激烈论战时，各派根据自己的需要引用儒学典籍和孔子的言论，说明自己的立场。简单地讲，中国在帝制时代制定政策时，儒家学者会满口《论语》，吹毛求疵地辩论儒家教义，就细微观点开展论战。一直到现代，儒家还在辩论应该建立什么样的政府，正宗的儒家统治者应该做什么。

11世纪，王安石和司马光这两位中国大学者、政治家之间的对决也许是最激烈、最有敌意的意志角力。王安石是专家型官员，他性格傲慢、能言善辩、思维清晰。他通过科举考试踏上仕途，对解读孔子、改革国家持有激进的观点。他认为，政府是改善社会的工具。为达到这一目的，他决意改革政府机构和经济制度。司马光是颇受尊敬的历史学家，长期在朝廷任职，倾向较为保守的政策。他认为，实现理想社会要集中精力维持秩序、加强儒家等级制度并坚持圣人定下的道路。在司马光看来，王安石的激进政策背离了孔子的政治思想，非常危险。

1067 年，十九岁的宋神宗继位之后，双方爆发冲突。神宗年富力强、急于建立功业，青睐激烈的改革思路，希望以此强军，夺回被北方夷狄占据的领土，完成朝廷的梦想。新帝立刻将目光放到了激进派王安石的身上。二人首次会晤时，他让王安石评价唐朝的开国皇帝。王安石告诉年轻的皇帝，遵循先王古制就能做出一番成就。他对胸无城府的皇帝说，"他们的原则至易而不难。但末世学者不能通知，以为高不可及尔。"王安石凭借口才得到了官职。1069 年，皇帝任命他为参知政事。

王安石随后出台新政，大刀阔斧地改革教育、军事和经济。1069 年，国家通过青苗法，规定每年向农民提供两次低息贷款，以打击高利贷者，促进农业生产。为了提高官员素质，王安石改革了科举考试，增加了关于典籍意义的考题，以考核应试者对典籍的理解。王安石告诉皇帝："方今之急，在于人才而已。在位者得其才矣，然后稍视时势之可否，甚易也。"

王安石为支持变法，引经据典地说明他的政策是效仿古代圣君。1058 年，他上书表示，"中国陷入政治、经济困境，方今之法度，多不合乎先王之政故也。夫以今之世去先王之世远，所遭之变、所遇之势不一，而其为天下国家之意，本末先后，未尝不同也。"

王安石希望通过国家行为减少不公平现象，以达到富国强兵的目的。他的新政来源于家长式作风的儒家思想：士大夫发挥才智消除困扰人类的弊病。但是由于采取了激烈、影响广泛的干预手段，王安石割裂了改革与前代的关系。例如，传统上，儒家认为自己不应染指谷物销售、贷款发放的事务，而应关注百姓的道德教育；只要仁的思想深入人心，天下自然会恢复正常。因此王安石的变法遭到了广泛而激烈的反对。在司马光的主持下，各派在御前进行了激烈辩论。而王安石则利用他在朝中的权力无情打击反对变法的官员。1070年，司马光灰心丧气、厌恶变法，辞官以示不满。

王安石和司马光都宣称自己遵循孔子之道。1070年，司马光在给王安石的信中直率地写道："（古圣贤）所以养民者，不过轻租税、薄赋敛、已逋责也。介甫以为此皆腐儒之常谈不足为，孔子曰'君子求诸己。'不可专罪天下之人也。"王安石在回信中针锋相对地对司马光说："盖儒者所争，尤在于名实。举先王之政，以兴利除弊，如曰今日当一切不事事，守前所为而已，则非某之所敢知。"

最后，王安石失败了。由于不断遭受猛烈抨击，他不顾宋神宗的再三挽留，辞去了职务。1085年，神宗驾崩。王安石的对手占据了上风，并请年老多病的司马光出面废除了大部分新政。他们之间的斗争实质上是传统与改革之争，这种斗争还将反复上演，并持续到近代。尽管王安石和其他儒家进步分子常常在这些争斗中一败涂地，但是他们将成为20世纪新一代士大夫的表率：孜孜不倦地为东亚社会的发展与繁荣而奋斗。

宋代儒家内部的论战不拘泥于公共政策的制定之上。他们还就学说的重要性展开过同样激烈的争论。宋代是儒家思想发展与实验最活跃的时代之一。在这一时期，学者深入探讨各种哲学问题：如何成为圣人，人性以及人与人、宇宙乃至万物的关系。思想的交锋导致学说与过去彻底决裂。儒家思想被打散、整合，出现了适应时代潮流和要求的新形式。宋代的思想家大刀阔斧地进行改革，发展出了孔子都不熟悉的儒学。这种经整理加工的儒学即今天我们所熟知的理学。儒学的这种变革今后还将出现。

宋朝建立之初继承了被历朝历代改造过的孔子。这个孔子是文人的守护神、有道政府的鼓吹者以及井井有条的伦理道德规范的创立者。当时，青年要学习《论语》，应试者要掌握一千多年前汉武帝钦定的五经。儒生要学习圣人的德治、君子之行和礼仪学说。但是在宋代，圣人的弟子却开创了另外一种儒学。在这个时代，热切的儒家改革家认为汉代以来的儒学是严重曲解了先师的学说，所以应该摒弃。实际上，他们认为，孟子之后没人真正理解正道，甚至之前就没人真正遵守正道。宋代学者认为，切实理解孔子的智慧要求以不同的眼光看待他的言论。他们作为文化复兴主义者，重新钻研原始典籍以及其他儒家著作，并重新进行阐释。他们的观点很久之后才会成为主流思想——理学在宋末才得到广泛认可。这种对儒家思想的改

103

造永远改变了儒学、中国历史和社会。

理学家向大众普及了孔子。他们通过提高儒学的普遍性和精神性，对抗佛教和道教的影响。孔子走出学术和政府机构的局限，走进了千家万户。经过宋代的变革，儒家打破了争取帝王改变世界的局限。理学家认为，任何人坚持仁和孔子之道，都会对社会产生积极影响。孔子和他的弟子关注的是可改造的道德修养潜质；而理学家则升华了这种观点，强调了自我修养的重要性。中国有篇哲学研究文章指出："此前，儒学关注的是圣贤之道或贵族作为社会政治领导者的道。而理学强调人人可成为圣人的精神理想。"

从傲慢、睿智的程颐到古怪的邵雍——他过着隐居的生活，自己种菜，自号安乐先生，多名思想家通过自己的思想和品格推动儒学改革运动。其中最杰出的人物无疑是朱熹。在儒学漫长的历史中，若论对儒学的发展所产生的影响，除了孔孟，恐怕无人能与他相提并论。美籍华人学者、哲学史家、朱子学专家陈荣捷在《中国哲学经典编年史》中写道："朱熹赋予了儒学新的内涵，在几个世纪里不仅统治了中国的思想界，也统治了韩国和日本的思想界。实际上，朱熹将儒学所有主要概念都提高到了新的高度。"

尽管如此，朱熹的成就在其生前并未得到承认。1130年，朱熹生于福建省一个县尉家庭，后经科举考试成为宋朝士大夫。但是相比辛苦的官宦生涯，他更喜欢写作、学习，因此他从政仅九年。他的仕途并不平坦。他曾效仿孔子教训上级，因而得罪了他们。1181 年，由于向皇帝抱怨相关官员无能，他被贬为小吏。但是，在学术上，当时无人能望其项背。他一生多产，创作了很多关于儒家典籍及原始文献的注本。朱熹所著的《家礼》是名门望族的必备书目，对儒家家礼在东亚的传播起到了关键作用。历史学家库恩称赞朱熹 1175 年所著的《近思录》为"当时中国第一部最完善的哲学著作"。不过，朱熹的很多学说并不是他的原创。他的主要功绩在于集成前辈理学家的各种思想，形成相比前代条理清晰、形式统一的道学。

朱熹儒学强调理。理存在于人和万物之中。万物存在理，理来自上天，是人、宇宙以及万物间的联系。理既具有普遍性又具有特殊性：既具有整体性，又在具体事物中体现出个体的特点。朱熹将具有普遍性的理称为太极。朱熹解释道："本只是一太极，而万物各有禀受，又自各全具一太极耳。如月在天，只一而已；及散在江湖，则随处而见。"朱熹认为，对人而言，理是道德品质。他与孟子一样，同样主张性善论。理没有形态，不能被感官察觉，只有通过认真学习和自我熏陶才能发现理，即格物致知。圣人不仅能发现自己的理，还能理解它与其他理的联系，也就是说，圣人能够理解人与宇宙万物的统一性。

而气是普通人成为圣贤的障碍。宇宙万物都由气构成，气的形态由理决定。但是气也会掩盖理。气通过形成人的情绪，转移人的注意力，阻止人认知真正的理。普通人只有克服世俗

105

的欲望才能成为圣人，并以提高仁为目的。在追求这种最重要的道德的过程中，普通人可以摒弃阻碍理解理的自私思想。个人通过严格的自律和修身，可以使意识达到一定状态，从而能够一眼识别善恶，然后就像感官本能一样基于这种判断采取行动。其中一种达到这种状态的方法是静坐——儒家术语，意为冥思。一个人通过这种方法，集中精神，可以得到启示。朱熹说："学者即凡天下之物，莫不因其已知之理而益穷之，以求至乎其极。至于用力之久，而一旦豁然贯通焉，则众物之表里精粗无不到，而吾心之全体大用无不明矣。"

朱熹和他的理学同道在提出这些观点时，借鉴了他们所憎恶的佛教教义。冥思求真理、通过理解宇宙运行得到超脱的观点以及禁欲修身的想法都来自这一竞争性宗教。但是与佛教不同，理学保留了孔子所强调的世俗目的。在理学中，超脱的人不应像佛教的和尚一样远离尘世，而应该利用自己的知识解决社会问题，完成自己的使命。正如孔子拒绝按照隐士的建议放弃尘世一样，理学家坚持认为，人只有在现实世界中尽心钻研与社会相关的活动，才能成为真正的圣人。理学家应尽的义务包括以平天下为目的的修身。近代一项关于中国哲学的研究解释说："圣徒般的理想是为了唤起为世人自我牺牲的英勇行为。"理学以更有深意的姿态再次强调孔子及其弟子一直以来所倡导的观点："人的秩序感和价值感不会让人远离宇宙，而会使他们和宇宙成为统一体。"

朱熹的儒学似乎远远偏离了孔子所传授的学说。但是朱熹和他的理学同道却不这么看。他们坚信已经发现了儒学早已失传的真谛。朱熹评论："时则有若孔子之圣，而不得君师之位以行其政教，于是独取先王之法，诵而传之以诏后世。"不过，并不是所有的儒家都认同这一点。朱熹生前受到过很多诽谤。其他改革者引用孔子的话佐证他的形而上学式的冥思脱离实际。1178 年，有朝廷官员上奏抱怨道："举一世安于君父之仇，而方低头拱手以谈性命，不知何者谓之性命乎！"朱熹被控传播伪学。1196 年，宋朝下令封杀他并禁止他的思想传播，有人甚至呼吁处死他。

但是，朱熹笑到了最后。1200 年，朱熹去世。在随后的几十年中，他的学说越来越受欢迎，尤其受私塾推崇。受朱熹的影响，儒家开始学习另外一套核心典籍。自从汉代以来，儒学教育的基础课本是五经。而朱熹减少了课本的数目，挑选了他认为最能指导理学所强调的自我道德修养的典籍。这些典籍统称四书，包括《论语》《孟子》和从《礼记》中单独节选而成的两本独立著作：《大学》和《中庸》。相比原来的五经，这四部著作和孔子及其弟子的联系更为紧密。朱熹提高了孟子的地位，巩固了他的儒学正统地位（孟子终于赢得了与荀子关于人性的争论）。随着朱熹学说的兴起，四书越来越受欢迎。如今四书被认为是最为重要的儒学典籍。

由于朱熹不断受推崇，在他去世后宋朝恢复了他的部分名

107

誉，但是宋朝官场不过是对他有所容忍而已。改朝换代之后，朱熹及其学说才走到儒学运动的前沿。具有反讽意味的是，新王朝是由朱熹及理学家企图竭力排除在中华之外的北方夷狄建立的。由于女真人入侵，宋朝丧失了中国北方的核心领土。1271 年，成吉思汗的孙子忽必烈建立元朝，征服了宋朝的南方领土。

统治中国的忽必烈别无选择，只能依靠宋朝遗留的儒家官僚体系管理新帝国。元朝的儒家士大夫呼吁恢复自宋末以来被暂停的科举考试。但是他们主张考试的内容须以朱熹的道学为基础。1313 年朝臣上奏："夫取士之法，经学实修己治人之道。他表示，在传统科举考试之下，士习浮华。今臣等所拟将律赋省题诗小义皆不用，专立德行明经科，以此取士，庶可得人。"

元朝当时的皇帝听从了他的建议，同年朝廷下令重开科举。四书具有了同五经同等的地位。朱熹的集注也被指定为评判应试者答案的标准。因此，蒙古人实际上将朱熹的儒学指定为国家教义。儒学的这一地位一直到六百年后帝制垮台才终结。朱熹的支持者取得了胜利。有人认为朝廷这一决定是学者前所未有之福。

孔子的影响力超越了中国国界。早在汉代，儒家思想就开始向中国的邻国传播，但是尤其在 14 世纪之后，理学运动巩固了孔子学说在东亚的地位。另外，由中国前往泰国、印度尼西亚、马来西亚、菲律宾和该地区其他国家的移民带去了家礼和仪式，从而传播了儒学。孔子不只对中国人有吸引力。他的学说在这一地区广泛传播，影响着各国的政策、教育、社会道德、家庭行为、哲学发展以及道德标准。

儒学在国外的传播是中国对亚洲其他地区的文化影响的一部分。自有文字记录以来的相当长的历史时期内，中国在东亚是最辽阔、最富有、最强大和最先进的国家。中国发生的一切自然会影响到邻国。中国的潮流、倾向以及思想对东亚其他国家的艺术、建筑、语言、文学、国家制度，当然还有哲学都造成了深远影响。例如，日本和朝鲜的书面语言都采用或曾采用过汉字。政治学家称这种现象为软实力——通过软实力，国家或社会不必通过直接外交或使用武力就可以对他国或社会施加影响。长期以来，孔子就是中国软实力的首要践行者和主要使者。他去世之后仍在传播中国文化，塑造了中国先进而优越的国家形象，提高了中国在地区和世界事务中的影响力。

也许，朝鲜半岛受孔子的影响最为深远。如今，儒学在韩国也许比在中国更深入人心。孔子学说大约在汉武帝时期传播到了朝鲜半岛。雄才大略的武帝在今天的平壤建立了汉四郡，汉四郡的居民也许带去了儒家典籍。公元 1 世纪，儒学已经开始影响朝鲜半岛。高句丽太祖王在位时期很长，从公元 53 年持续到 146 年。他在治国十册中下令，朝廷应以仁和儒家的王道为指导。约公元 4 世纪末，高句丽开设儒学院。但是在公元后的第一个千年，儒学仍是朝鲜半岛的边缘思想。佛教居于统

109

治地位，儒家学说主要为学校和政府机构所推崇，对全社会的影响很小。

但是13世纪理学的传入改变了这种局面。学者、教育家安珦将理学书籍带到了朝鲜。据朝鲜古代史书记载，"安珦威严、沉着，为人们所敬畏，并一贯以提高学识、教书育人为己任。"1286年，安珦随高丽国王出使北京，拜见忽必烈。在这次访问中，他首次接触到了理学。讽刺的是，蒙古对中国的征服使朝鲜比以往更加向往中国文化。尽管高丽未被蒙古人征服，但是经过一系列毁灭性战争，它被迫向元朝纳贡。元朝和以开城为首都的高丽的关系超过了中国和朝鲜历代的关系。

在这次外交来往中，安珦读到朱熹的第一本书，就被迷住了。古代传记提到，"安珦第一次见到朱熹的著作就万分尊崇，便如饥似渴地读了起来。他认为这些书是真正的孔孟之道，并抄写成册，带回国内。"1289年，他返回朝鲜之后，通过宫廷和学校传播朱熹的儒学。这对朝鲜造成了深远影响。

出于和中国学者一样的因素，尤其理学兼具改革国家的实用性和修身养性的精神性，朝鲜人同样青睐理学。理学在朝鲜传播也遇到了机遇。13世纪时，高丽王朝动荡不安，朝鲜的儒家与所有生活在乱世的儒家一样迫切需要恢复秩序、富国强兵的方法。他们与中国的理学家一样，并不痴迷佛教和宗教生活。因此，朱熹的形而上学思想走进了他们的视野。朝鲜的理学家通过儒家典籍也发现了中国古代的圣君。与中国同行一样，他们也对此十分痴迷。他们企图效仿王安石，依靠激进的改革措施，在朝鲜重建圣君社会。一批理学士大夫着手从上而下儒家化朝鲜社会。

尽管在高丽王朝末年，这些官员通过强行推行改革取得了一定程度的成功，但在新王朝崛起之后，他们才得到真正施展抱负的机会。1388年，军事将领李成桂进军开城并实际控制了政府。四年后，他罢黜高丽末代国王，夺取王位，建立了延续五百年的朝鲜王朝。朝鲜王朝初年，新王和理学家建立了合作关系。虽然立志进行儒家化改革的士大夫人数不多，但是有些儒家领袖担任着重要官职。李成桂对这些人言听计从。王室和儒家的利益高度一致。李成桂需要恢复政府的活力以及证明其统治合法性的意识形态。而儒家则由衷地认为，只有严格应用儒学，才能匡扶社稷；只有政府推动儒家化改革，才能巩固自己的地位和权力。与程颐及其宋朝的同道一样，朝鲜儒家自诩拥有建设有道政府的智慧，有权把持朝廷大政方针的制定权。

依靠新王朝的支持，儒家能够影响政府，乃至朝鲜社会各个阶层。朝鲜王朝出台的一系列法律法规几乎改变了朝鲜社会的方方面面。依照理学家的设想，国家根据儒家典籍记载的中国古代圣君的做法，制定了法律。在这一过程中，朝鲜立法者强行推行中国常见风俗，而这些风俗在朝鲜曾十分罕见。1390年，末代高丽王朝的儒家改革者下令政府官员祭祖——朝鲜以前没有这种习俗。1397年，朝鲜颁布首部律法，重申了祭祖

111

的规定。决策者们根据儒家的父权家庭模式以及各种经济因素，采取了一系列措施，改革了现有的家庭继承习俗，规定权力和财富由长子继承。政府尊孔礼仪也提上了日程。1421年，王室下令命王太子亲自前往孔庙祭拜孔子。

朝鲜人并不拥护所有改革措施。例如，政府官员对修建用于祭祖的祠堂消极怠工，令儒家颇感沮丧。但是由于士大夫们在数百年间不断强制推行，儒家的婚丧嫁娶、继承和其他礼仪都扎下了根。虽然这些礼仪风俗如今被认为是朝鲜的传统文化，但是实际上它们是舶来品，是由痴迷于外国文明的黄金时代的儒家改革家强制推行的结果。朝鲜被改造成了其创立者所憧憬的儒家典范国家。正如玛蒂娜·达奇勒所说："朝鲜的士大夫重建了政治体制和社会体制，成功超越了宋朝理学家的梦想。"

儒学也漂洋过海传播到了日本。传统上，日本认为儒学是由朝鲜学者王仁于约5世纪初带到日本的。他曾随身携带了《论语》，前来为大名讲学。有学者认为，这个事件存在争议，儒学传播到日本的时间应更早。无论儒学是什么时候传播到日本的，它在相当长的历史时期内并未对日本造成明显影响。理学的革新对日本影响也不大。尽管13世纪朱熹理学已闻名日本，但只有佛教禅宗寺庙的和尚研究它，并指出了理学和佛教的一些相似之处。

1603年，随着德川幕府的建立，儒学在日本的处境得到了明显改善。幕府将军德川家康被日本史学家粉饰成天生的儒家，从小就仰慕圣人学说。《德川实纪》记载了一段德川家康类似汉高祖的经历。"德川家康在马上征服了国家，英明地意识到在马上不可以治天下。他一贯推崇、坚信圣人之道。他明智地决定学习儒学，治理国家，恪守适合人民的道路。"

德川家康对孔子产生兴趣和宋太祖心向圣人有类似的原因。历经战火与动荡，德川家康才统一日本。他要寻找证明幕府统治合法性以及维护国家稳定的办法。他认为，儒家作为中国帝制的一部分拥有长期而成功的历史经验，因此能够满足他的目的。德川家康因此搜罗了一批儒家学者，其中最著名的是林罗山。林罗山原来是和尚，还俗后毕生潜心研究理学。1605 年，德川家康接见林罗山，问起了关于中国的问题。德川家康手下的佛教徒幕僚对这些问题，有的一无所知，有的回答粗略不清，而林罗山回答得十分详细。德川家康叹道，"这个年轻人学识渊博，"然后任命他为幕僚。

林罗山辅佐了德川幕府的四位将军。尽管成立不久的德川幕府有众多佛教徒，但他仍坚持推行圣人学说。他的努力结出了硕果。第三任幕府将军德川家光拨款命令林罗山在首都江户（今东京）建立学校，使江户成为日本主要的儒学教育中心。在 17 世纪，儒学成为德川幕府的主要指导思想。而第五任幕府将军德川纲吉则定期在宫廷为大臣讲学。

尽管如此，孔子在日本德川家的故事可能有更复杂的开端。

113

正如汉武帝推崇儒家一样，德川家康对儒学的热忱可能被林罗山及后世的弟子夸大了。他们这样做的目的就是为了鼓吹儒家在幕府初期的影响力。现代学者认为，儒学只是德川幕府奉行的一种理论。德川家康和他的继任者都任用信奉佛教和本土宗教神道教的幕僚，对他们的拨款和支持力度高于林罗山。

与在中国一样，孔子对日本政府和社会的影响也可能经历了缓慢提高的过程，其间受到了历史因素和士大夫们的推动。历史学家基里·帕拉莫尔认为，儒学的地位在德川家康之后的近两个世纪后才在幕府时代的日本巩固下来，而这得益于被称为宽政改革的儒家政策。1787 年，大名松平定信成为幕府的老中，随后领导了这次改革。松平定信熟读儒学典籍和中国历史。他认为，严格落实儒家伦理道德能够巩固风雨飘摇的幕府统治，激励沉沦的国民。他劝武士认真学习儒学，减少政府的开支，采取禁止色情、男女混浴等禁欲措施，改善公众道德。

不过，松平定信举世闻名的政策是在日本打击学术辩论的措施。他认为辩论会导致人民走向歧途。他曾抱怨说，"倘若车载斗量的学者因为各种纷乱的理论相互争论、指责，那么谁还会支持学术？"基于这种想法，他于 1790 年颁布法令，命令林罗山的儒学学校查禁异学，规定学校只能教授朱熹的儒学。这一法令使理学成为幕府的官方意识形态。1792 年，标准化的理学教育成为新中式科举考试制度的支柱，为国家日益庞大的行政系统培养职业官员。

尽管如此，儒学从未在日本确立如在中国一样的国家地位，日本的科举制度的影响范围不能和中国科举匹敌。然而，儒家思想仍然渗透到了日本社会、文学、家庭传统、宗教生活和知识分子的话语之中。

截至18世纪，在东亚多数国家的政府和社会中，孔子的地位已稳如泰山。这一地区的学生和知识分子埋头苦读《论语》《孟子》和朱熹集注。等级森严、两性分隔的家庭成为儒家家庭习俗的基础。政府官员则通过无数的孔庙祭祀圣人。孔了成为了真正的素王。

1636年成立的清朝本身就是孔子占主导地位的象征。清朝皇室不是汉人，而是满人。他们原本是北方的部落，被视为夷狄。但是新皇帝对孔子的热情丝毫不亚于他的臣民。实际上，清朝初期曾为迎合汉族精英而大力尊孔，例如提倡儒学，开展大规模搜集、出版传统典籍纲目的活动。汉学家理雅各曾翻阅过一段清朝祭孔的仪式规定。祭孔时，皇帝要在北京国子监的文庙下跪向孔子叩头。他要念祭词："大哉至圣，德盛道隆，生民未有。百王是崇，典则昭垂。"随后典礼迎接孔子神灵降临，祭祀供品。官员朗诵祭词："皇帝致祭于至圣先师孔子，师德配天地，道冠古今，删述六经，垂宪万年。"

尽管清朝祭祀孔子，但他在东亚的地位并不像表面上那么牢固。实际上，帝王给予圣人崇高地位的基石已经开始崩裂。

115

曾经先进的中华帝国已经被它的精英视为未开化国家抛在了身后。国外的新技术、新思想开始威胁中国的政治、社会制度及其创立者的地位。

第四章

孔子：压迫者

孔子生长封建时代，
所提倡之道德，
封建时代之道德也。

—— 陈独秀

数千年来，中国从未蒙受如此奇耻大辱。1895年4月，中日双方代表团在日本马关签订协议，结束两国短暂而耗资巨大的战争。这是一场几乎一边倒的冲突。在这场开始于一年前的战争中，中国陆军一溃千里，耗费巨额军费的新式海军全军覆没。日本轻松地侵入中国的东北地区，击溃了装备着新式武器的、现代化的中国陆军。中国签署了丧权辱国的《马关条约》，同意赔偿巨额赔款，割让台湾。高傲的中国政府曾一直将日本视为落后的文明，而如今中华帝国却受到了他们眼中的蛮夷的羞辱。中国已经如此落后！

丧权辱国的条约在中国引发了恐慌、震惊和混乱情绪，同时也增强了一些中国人变法图存的信念。其中就包括儒家学者康有为。他认为，这次战败更证明了多年以来他所呼吁的激进变法对国家未来的空前重要性。被日本打败是这个昔日强大的帝国所遭受的一系列外辱之一。康有为认为，这是压倒它的最后一根稻草。在媾和期间，他在北京说服一千三百名参加科举考试的士子联名向清廷请愿，反对签订条约。然后康有为和他的支持者建立了学会，动员、组织士子呼吁变法。

康有为认为，中国的社会精英为通过科举考试埋头苦学典

119

籍，过于关注遥远的过去，无法解决当今紧迫的问题。他写道："我中国孱卧于群雄之间，鼾寝于火薪之上。士主考古而不主通今，闭户之士哉！有能来言尊攘乎？岂惟圣清，二帝、三王、孔子之教，四万万之人将有托耶！"康有为担心，如果不立刻采取措施，中国就会像世界上的其他民族一样沦为帝国主义列强瓜分的对象。他预言："吾为突厥、黑人不远矣。"

康有为的行动导致中国出现了历史性转折。他的得意门生梁启超认为，康有为开启了群众的政治运动的先河。康有为释放了中国人民的政治力量，对中国和孔子将产生巨大影响。

在19世纪的大部分时间里，中国一直苦苦应对来自崛起的西方的挑战。中国和英国进行了两次鸦片战争，中国都以战败告终。在19世纪40年代初的第一次鸦片战争中，中国割让了香港岛。在1856年至1860年的第二次鸦片战争中，英国军队抢劫、焚毁了北京郊区的皇家园林圆明园。法国、德国和俄国联合英国强迫中国签订不平等条约，控制了中国的大片领土、租界并获得了其他特权。战败给日本之后，中国跌到了历史最低点。中国惨遭西方蛮夷蹂躏，局势已十分危急；这次又败给了亚洲国家，并且这个国家不久前也还是被列强虎视眈眈的儒家国家，这让局势更加危急。在20世纪来临之际，中国如鱼肉一样面临着被列强瓜分、沦为殖民地的危险。

战败的耻辱让中国精英痛定思痛。在整个历史上，中国几乎都是东亚最富强的国家，在技术、艺术和医学领域遥遥领先。

多亏孔子和其他伟大的思想家，中国在哲学领域同样首屈一指。但是，欧洲列强一边倒的胜利显示出中国已远远落后于人。更可怕的是，西方的崛起不仅挑战着中国帝制的政治、经济、军事，还挑战着中国的意识形态。西方的坚船利炮和买办带来了关于民主和人权的危险思想以及诸如资本主义和基督教的新思潮。欧洲传教士已经开始在农村传教、发展信徒、抨击中国传统。西方的崛起威胁着中国古老的制度和信仰——文明本身。古代的侵略者，包括清朝的统治者满族，在中国定居之后就被中国文化消化吸收，全部皈依儒家。而西方则向中国展露出另外一种面孔：外国势力第一次不但宣称拥有优越的军事和技术，还具备优越的学术和文化。西方人认为，他们的政治制度、信仰和文化都处于近代社会的顶峰。他们对孔子的说教充耳不闻。中国以前从未遇到过针对它的政府和社会思想基础的挑战。

在 19 世纪的大部分时间中，如何应对这种挑战主导了中国的政治和社会话语。从一定程度上讲，论战是在儒家内部展开的。清朝的实权派大多认为，儒学的存亡对中国和华夏文明的存亡至关重要，但是官员、学者对如何保护孔子莫衷一是。他们围绕改革国家的方式、性质以及孔子本人如何拯救国家危亡展开了激烈辩论。康有为属于儒家内部的激进派。他主张效仿西方，全盘革新中国帝制。他表示，古董似的制度在中国历史上发挥了很好的作用，但是如今该废除了。康有为建议清朝采用西方的君主立宪制，组建国会，改革教育制度，强调实用

121

知识的学习。

尽管如此，康有为骨子里还是儒家，所以他的改革仍以圣人为中心。他对孔子学说的解读超越了传统，为孔子塑造了异乎寻常的形象，并以此作为改革的动机。在康有为眼中，圣人不再是以遥远的古代为榜样创立学说的大保守分子，而是指向和平、和谐的启蒙时代的救世主。康有为雄心勃勃，认为自己担负着孔子赋予的使命。

康有为的措施将成为一系列事件的导火索，在给他带来实权的同时，引发持续数十年、他未曾预料到的后果。他的思想以及更大范围的关于传统在中国现代化过程中的作用的论战无意中开始质疑孔子在中国社会中的主导地位，开启了百年来的先例。如何重整破碎山河的问题变成了如何对待孔子以及他的长期影响的问题。中国的未来又一次与孔子纠缠在了一起：他应该在政治和社会中扮演什么角色，如何正确理解他的哲学以及如何应对他的影响。通过这些辩论，孔子将以完全不同的面目浮现于世。

中国和西方为什么会发生地位转换仍然是历史谜团。在有文字记录以来的大部分历史时期，中国的科技遥遥领先西方。当欧洲在中世纪落后的封建制度下蹒跚而行之时，中国已经发明了火药和指南针。但是到19世纪，东西方的命运发生了逆转。工业革命的兴起、近代资本主义的发展和后启蒙时代的科学成就使欧洲各国成为世界上最先进的国家，而中国则被恐外政权隔绝于日新月异的世界之外。中国人曾在财富和技术方面拥有全面优势，但他们的优势却莫名其妙地丧失殆尽。到底是哪里出了问题？正如英国历史学家李约瑟于 1942 年在信中首次问道："中国的科学为什么停滞不前？"他对这个问题的痴迷研究使这一谜题被命名为李约瑟难题。

李约瑟和其他学者提出了很多理论，企图解释这一问题。而孔子不可避免地成为了众矢之的。李约瑟在《中国科学技术史》这部开创性著作中指责孔子对科学的影响几乎完全是负面的。圣人本身就存在问题。李约瑟解释说："要对自然想象感兴趣，首先要对超了常理的事物感到好奇。但是，因为从表面上看自然现象对人类社会毫无影响，所以孔子没有心思探讨这种问题。两千年来，他的弟子同样抱有这种想法。"

李约瑟借孔子自己的话批评他。他表示《论语》中有一段文字提到孔子不谈怪力乱神。李约瑟认为，圣人缺少对自然界的好奇心，所以不会进行科学实验。李约瑟又举了一个例子来说明孔子不仅不理解科学知识的重要性，还阻止弟子进行相关探索。在这个例子中，孔子批评了一个对农牧业感兴趣的弟子。弟子离开房间后，孔子说道："小人哉，樊须也！上好礼，则民莫敢不敬；上好义，则民莫敢不服；上好信，则民莫敢不用情。夫如是，则四方之民襁负其子而至矣，焉用稼？"

还有学者认为，儒家社会的结构阻碍了知识分子从事改良、实验等能够促进创新的工作。儒家君子首先是文人，而文人必

123

须埋头读书，不能将精力浪费在作坊和实验室里。批评人士认为，儒家教育与儒家对仕途的偏好相结合形成了中国问题的根源。中国最聪明、最优秀的人才都希望在科举考试中金榜题名，因此他们埋头苦学，背诵、分析《论语》，对数学和科学置之不理。

尽管如此，在19世纪中国寻找对抗西方帝国主义的道路之时，中国几乎没有人认为孔子应该为国家的没落负责，也没人质疑孔子对中国生活方式长久以来的影响力。一些儒家坚信，要解决中国困境其实就要进一步儒家化。这种观点认为，中国问题的根源不是中国传统文化和治理体制，而是被统治的人民的道德存在缺陷。要解决问题就要加强儒家教化，使官员遵循孔子之道。这种论调涉及儒家长期以来的观念——相比有道体制，有道之人对实现有道政府更为重要。只有提高道德水平，中国才会复兴。舶来的外国思想、制度甚至科技无用而危险。外国的奇技淫巧会诱使中国背离儒家之道，使中国丧失灵魂。

清廷庶吉士倭仁是19世纪中期保守势力的领袖。1867年，他上书阐明了这一观点。他抗议道："天文、算学为益甚微，西人教习正途，所损甚大。窃闻立国之道，尚礼仪不尚权谋；根本之图，在人心不在技艺。……古往今来未闻有恃术数而能起衰振弱者也。"倭仁辩称，离开孔子，中国将沦为西方的奴隶："所恃读书之士讲明义理，或可维持人心。举聪明隽秀，变而从夷，正气为之不伸，邪气因而弥炽，数年以后，不尽驱中国之众咸归于夷不止。"

改革派的回击同样强硬。他们认为，如果中国不向西方学习，不采用西方的技术与做法，中国必将灭亡。他们嘲笑倭仁的思想过于幼稚。他们驳斥，单凭道德感化无法帮助中国抵御夷狄，只有现代武器和知识才能做到这一点："如（倭仁）别无良策，仅以忠信为甲胄、礼义为干橹等词，谓可折冲樽俎，足以制敌之命，臣等实未敢信。"

尽管如此，改革运动最初的目标并非推翻中国的儒家制度，反而是为了捍卫它。在改革派看来，利用西方思想对中国学校、经济、政府进行现代化改造与延续国家的儒家传统并不矛盾。朝廷官员、儒家、改革派张之洞就强调中学为体，西学为用。他提醒中国不应将其古老的制度和古老的学说混为一谈；需要改革的是政府，而不是儒家文化。他写道：法者，所以适变也，不必尽同。道者，所以立本也，不可不一。张之洞和其他改革派认为，如果孔子遇到了如今的问题，他不会迂腐地坚持古道，而会投身变革运动。约 1870 年，著名记者王韬写道："反对改革的人不知道贵乎因时制宜而已。即使孔子而生乎今日，其断不拘泥古昔，而不为变通。"

尽管保守派激烈反对，改革已势在必行。中国匍匐在了列强的脚下，如果国家不奋起直追，天知道会有什么后果。清政府开设学校教授西方科技，向全世界派遣留学生和外交官，学习西方，建立现代化陆海军并鼓励工业发展。中国终于通过照

125

搬西方模式，加入了现代国际社会。

但是中国对日战争失利表明改革仍然不够彻底，因此，康有为和其他人要求激进地改革中国政府和社会，并且这种呼声日渐高涨。

康有为认为，仅靠购买现代武器、培养掌握西方技术的学生不足以复兴中国。中国不仅要在大炮的口径上匹敌西方，还要具备同样的制度，才能发挥大炮和现代化的效果。中国全社会，包括清朝行政体制、教育甚至宗教信仰，都必须进行彻底改革。儒家也同样需要革新。提高孔子在中国社会中的作用是复兴中国、保卫中国的唯一途径。

但是，帝制时代的孔子已经不能满足中国的需要。因此，康有为像中国历史上的所有儒家一样适应新时代的需要，塑造了新孔子。康有为认为，以前复兴中国的措施之所以失败是因为政府直接把舶来品嫁接到了腐朽的帝制政权之上。要真正解决中国的问题就要进行深层次改革：孔子学说需要和外国思想相融合，构建足以推动中国进入现代化国家行列的混合体。中国传统文化与全球化相结合将结束中国的苦难，为国家开创前途光明的新时代。

康有为提出这种观点前经历过成长危机。康有为与所有名门望族的子弟一样，年轻时代同样苦读儒学典籍，希望有朝一日金榜题名。但是康有为越来越焦躁，他开始质疑为了应试而死记硬背的意义。他在回忆录中写道："以日埋古纸堆中，汩其灵明，渐厌之。因弃之，而私心好求安心立命之所。忽绝学捐书，闭户谢友朋，静坐养心。"

在冥思苦想之中，康有为得到了（理学式的）启示。"静坐时忽见天地万物皆我一体，大放光明，自以为圣人则欣喜而笑，忽思苍生困苦则闷然而哭。"康有为的顿悟让他开启了（儒家式的）求学之旅。他前往香港、上海，在惊叹于现代大都市的繁华的同时，如饥似渴地阅读西方哲学和历史书籍。在这一过程中，他创立了圣人都认不出的儒学。

康有为认为，世界经过几个阶段的发展，最终会成为没有冲突、没有烦恼、只有博爱的大同世界。随着全球化的发展，现代科技将各国联系起来，形成了一个统一的世界，从而达到这一阶段。人与人的所有差异将消失，人人平等。康有为写道："异日大地大小远近如一，国土既尽，种类不分，风化齐同，则如一而太平矣。"康有为用这种乌托邦式的理想作为在中国进行激进变革的基本原则。因此，有必要传播自治与独立的学说，并讨论宪制的问题，他主张，如果不进行改革，中国则会陷入大混乱。

康有为接着用大幅篇幅论述他的理论与孔子的关系，以证明他的思想的正统性。他辩称，孔子在典籍中已经预言了大同之世。在康有为看来，博爱是孔子提倡的核心道德仁的延伸，它适用于家庭，也适用于整个人类社会。康有为写道："'仁'意味着和谐的生活方式……'仁'是爱的力量。"

127

但是康有为的研究方向与孔子思想的基础却背道而驰。孔子认为，公平、繁荣的社会以强大的组织为基础，即家庭与国家。而在康有为的大同之世中，这种组织是进步的阻碍，必须予以铲除。康有为主张：如果我们希望达到完全平等、独立和人性的完美，那就只能通过废除家庭，废除国家。康有为强烈反对婚姻。据他讲，他认为男女最好只同居一年，然后就更换伴侣，不要白头偕老。这种观点会使主张非礼勿视思想的孔子满脸通红。康有为说新的社会将是："没有丈夫或妻子，女人没有争吵，社会没有通奸，人人抑制性欲望。"

康有为改造孔子，服务改革大业。在他1897年所著的《孔子改制考》一书中，圣人不再是试图依靠古制恢复中国秩序的卫道士，而是以重塑国家为目的的热心改革者。康有为写道："凡大地教主，无不改制立法也。中国义理制度，皆立于孔子。弟子受其道而传其教，以行之天下，移易其旧俗。"他写道："这就是为什么孔子为神明圣王，乃所以为生民未有之'大成至圣'也。"康有为希望依照基督教的例子将儒学立为国教，设立管理儒教堂和神职人员的宗教部。儒家牧师在举行周日弥撒布道期间读的不是《圣经》，而是《论语》。康有为认为基督教是欧洲取得成功的一个原因，因此他甚至企图将孔子等同于耶稣。

康有为的许多观点完全不同于儒家思想。圣人的虔诚弟子怎么会想出不以家庭为中心的儒学呢？不要孝道、不要圣君了吗？但是与他们的前辈一样，康有为以及他的弟子同样认为，孔子过去千百年来蒙受了重大误解，而他们终于发现了圣人的真正意图。他们认为，孔子提倡民主，从未支持帝制政权。他憎恶等级制度，倡导平均主义。孔子根本不是人们认为的那样。康有为的弟子谭嗣同写道："方孔之初立教也，黜古学，改今制，废君统，倡民主，变不平等为平等。"谭嗣同接着说，儒家不负责任，纵容专制君臣挟持圣人，为其过时的高压统治正名。他写道："有些儒家尽亡其精意，而泥其粗迹，反授君主以莫大无限之权，使得挟持一孔教以制天下！"

康有为的儒学动摇了孔了的地位。康有为的弟子梁启超表示，他的著述造成的影响"如飓风火山大喷火也，其大地震也"，并且他还把康有为比作马丁·路德。康有为在儒家保守分子中引起的争议不亚于路德在天主教主教中引发的争议。保守分子称康有为是中国未来的威胁。他们认为，他所提议的改革措施会代替儒学成为中国政府和文化的哲学基础。他们绝对无法接受。

声望很高的儒家朱一新指责康有为借圣人之名推行错误方针，以外国之道改造中国。朱一新写道："今托于素王改制之文，以便其推行新法之实，无论改制出于纬书，未尽可信，即圣人果有是言，亦欲质文递嬗，复三代圣王之旧制，而岂用夷变夏之谓哉？"朱一新接着说，外国思想违背孔子学说的基本原则，会给中国带来灾难。"将以甘盐经医德为平淡不足

129

法，而必以其变者伪新奇乎？戎翟之制度，戎翟之义理所由寓也。今不揣其本，而漫云改制。制则改，将毋义理亦与之俱改乎？"保守派辩称，解决中国问题的真正方法在于提高国家及统治者的道德水平。"治国之道必以正人心厚风俗为先。法制之明备抑其次也。"

保守派坚持认为孔子学说比其他思想优越。这是他们反对康有为的核心观点。"从政府成功和失败的原因显示，一般维护儒学会让混乱的政府重归良好状态，"一位叫叶德辉的官员写道，"儒家思想的精髓将时刻照耀世界。只有愚人才会说西方擅长儒学，因为儒家思想有系统的道德。"

19世纪末中国的局势日益危急。康有为中外合璧的思想也越来越有市场。尽管帝制政府起初骚扰过康有为及其弟子，但是随着列强如饥肠辘辘的秃鹰般觊觎风雨飘摇的中国，清朝光绪帝和一小部分大臣开始了解他的激进思想。康有为效仿儒家千百年来的惯例，上书请求皇帝支持他的思想。1898年初，康有为恳求道："皇上既审时势之不能不变，知旧法之不能不除。臣愚尝斟酌古今，考求中外，唐虞三代之法度至美，但上古与今既远。"康有为建议起草宪法，敦促皇帝绕过掣肘的官僚机构，亲自充当急速改革的先锋。

康有为引起了光绪帝的注意。1898年6月16日，皇帝首次召见康有为。在长达四个小时的谈话中，康有为信誓旦旦地说他的办法能够使中国富强。康有为告诉皇帝："变法者，须自制度、法律，先为改定，乃谓之变法。今所言变者，是变事耳，非变法也。"康有为接着批评过时的科举制度才是中国弊病的根源。他说："今日之患，在吾民智不开，而民智不开之故，皆以八股试士为之。应试者不读秦汉以后之书，更不考地球各国之事，……今群臣济济，然无以任事受者。"

皇帝对此非常赞赏，为使康有为绕开充满敌意的朝廷官僚，赐予他专折奏事的权力。康有为和光绪的会面标志着帝国改革，即百日维新，拉开序幕。朝廷发布了一系列法令，其中部分由康有为亲笔起草。皇帝的诏令主要涉及增强军事力量、促进工业化并建立新型国立大学等措施。科举八股文被时务策论代替。8月，皇帝罢黜部分政府官员，试图进一步改组帝国权力结构。

但是这些措施直接威胁到了清朝内部的既得利益集团——唯恐失去权势的官僚、被皇帝边缘化的太监和军官以及光绪帝专横的姨妈慈禧太后。9月21日，慈禧太后发动针对皇帝的政变，软禁光绪帝，重新控制了清政府。慈禧废除了外甥颁布的大部分法令，随后开始逮捕维新派，并处决了部分维新分子。康有为设法逃到了英属香港。1901年，慈禧颁布诏书，斥责康有为及其弟子为叛逆，他们的政策乃乱法也，非变法也。

康有为离经叛道的儒学能拯救帝国吗？我们无法回答这个问题。在慈禧发动政变之后，清王朝在风雨飘摇中坚持到了1911年，最后随着清朝末代皇帝的退位而灭亡。从秦始皇统一六国开始，中国的帝制延续了两千一百年。清朝灭亡之后，

131

中国陷入了长达数十年的战乱，千百万人因此丧生。

如同公元前 5 世纪的孔子一样，中国新一代政治家、作家和思想家开始寻找拯救中国的道路。但是，与孔子不同，很多人不但不欣赏中国古代传统，甚至还大肆驳斥。而首当其冲的就是孔子。改革派不再讨论孔子的哪种化身能够拯救国家。他们坚信只有永远抛弃圣人，才能重建中国。孔子成了中国一切弊端的象征和导致国家衰弱贫穷的罪魁。正是他阻碍着中国走向现代化。

这次孔子命运的转折源于清朝灭亡之后高涨的民族主义情绪。共和政府统一中国的企图破产了，国家又出现了军阀割据的局面。中国的学生和年轻人迫不及待地要求实施改革和实现现代化。1919 年 5 月 4 日，由于中国在签订（结束一战的）《巴黎和约》的过程中表现软弱，不满的人群在北京市中心举行了大规模示威游行，愤怒地抗议中国代表团未能阻止英国及其盟友将战败国德国在中国的权益转交给日本。但是五四运动不仅是街头游行示威，更是思想革命。

在五四运动中，胡适作为当时思想最活跃的人物，将儒学称为"孔家店"。青年作家和活动家认为，只有彻底摒弃孔家店，才能拯救中国。学生在游行中振臂高呼的反孔口号——打倒孔家店！——成为了五四运动的最强音。1916 年，中国共产党的早期创始人陈独秀批评道："孔子生长封建时代，所提倡之道德，封建时代之道德也。道德，礼教，生活，政治，所心营目注，其范围不越少数君主贵族之权利与名誉，于多数国民之幸福无与焉。"陈独秀和其他人认为，孔子学说与现代政治理念格格不入。1919 年，陈独秀写道："要拥护那德先生，便不得不反对孔教、礼法、贞节、旧伦理、旧政治。如果不摆脱儒学，中国就会被西方帝国主义玩弄于股掌之间。"1915 年，陈独秀写道："笃古不变之族，日就衰亡。矧在吾国，大梦未觉，故步自封。……吾宁忍过去国粹之消亡，而不忍现在及将来之民族，不适世界之生存而归削灭也。"陈独秀认为，中国传统虽然源自古代圣人，但这并不能证明它对现代社会的价值。他接着说："事之无利于个人或社会现实生活者，皆虚文也，诳人之事也。虽祖宗之所遗留圣贤之垂教，政府之所提倡，社会之崇尚，皆一文不值也。"

鲁迅作为有影响力的作家，通过小说抨击儒家文化。1918 年，他创作了经典短篇小说《狂人日记》。小说采用第一人称叙事。小说的主人公看似精神失常，认为邻居甚至他的哥哥想吃掉他。但是随着情节的发展，主人公是担心自己被家人和乡亲所坚持的中国传统吞噬。由于他曾质疑中国的社会习俗，所以别人以怀有敌意的眼光看他。他叹道，如果所有人都站出来反对传统，中国社会的压迫现象就会消失，但是强迫人们顺从的力量实在过于强大。主人公说道："去了这心思，放心做事走路吃饭睡觉，何等舒服。这只是一条门槛，一个关头。他们可是父子兄弟夫妇朋友师生仇敌和各不相识的人，都结成一伙，

133

互相劝勉，互相牵掣，死也不肯跨过这一步。"他惊恐地意识到："四千年来时时吃人的地方，今天才明白，我也在其中混了多年。"

鲁迅的另外一篇小说《孔乙己》出版于1919年。小说的主人公孔乙己是名儒生，科举考试名落孙山之后，一贫如洗。他在小镇上饱受冷嘲热讽。故事的叙述者说，孔乙己满口之乎者也，教人半懂不懂的，张嘴就是孔子的话，引人哄笑。孔乙己没有生活来源，以偷盗为生，不过他从不承认罪行。每次他来叙述者工作的酒馆，脸上都带着几块挨打后留下的伤疤。他最后一次来酒馆是爬着来的。后来人们认为他死了。孔乙己是鲁迅笔下儒家文人的化身。他认为，儒生未能意识到自己给世界带来的危害，也不知道自己已经成为笑柄。

孔乙己和孔子一样姓孔，所以不难判断鲁迅其实是在批判圣人。中国有的新时代作家还对孔子直接发起了人身攻击。1930年，林语堂在一次演讲中说，"至圣不再拥有超自然的力量，不再是道德模范，也不再有无穷的智慧；孔子是有血有肉、会犯错误、苦苦求索、前后不一的凡人。"林语堂通过仔细研究古籍中所记载的孔子生平，发现孔子做过很多惊世骇俗的事情。林语堂还认为，"如果有人像孔子一样爱吹毛求疵，女孩子一定不会嫁给他。"林语堂认为，"孔子的罪孽深重，不容辩驳。当我看到孔子试图编造借口为他的丑闻进行反驳时，却看到丑闻是如此之多，障碍是如此之高，以致儒家从未有一个机会来彻底推翻这些丑闻。"

1949 年，中华人民共和国成立，并随即向孔子宣战。当时认为，孔子是危险的反革命分子，是封建时代压迫劳苦大众，建立压迫劳苦大众的社会制度的罪魁祸首。

这种观点发展成了国家方针政策，并发动了中国历史上规模最大的倒孔运动，导致在几乎整个 20 世纪下半叶，中国民众无法了解传统的民族哲学和历史。一个曾被圣人主导的社会对他、他的思想和道德使命变得一无所知。中国祭孔的风俗习惯曾流行近两千年，此时也被禁止了。儒学课本从中国学校的课堂上消失了；孔庙遭到肆意破坏，儒学典籍被付之一炬。1975 年，《北京周报》发表文章，猛烈抨击孔子学说，称它是"反动的意识形态体系，是旧思想、旧文化和旧传统的代表。过去的反动分子不断改编、改造它，用它统治、腐蚀人民，维护腐朽的经济基础和反动政治统治。因此现在必须推翻鼓吹守旧、复古、倒退的孔子学说；必须砸碎剥削阶级的传统观念。只有这样才能建立无产阶级的新路线，才能充分发挥共产主义革命精神。"

红卫兵成为攻击孔子的马前卒。1966 年，"文化大革命"开始，成立了几乎全部由学生组成的红卫兵。他们横扫中国，铲除他们眼中的旧中国的腐朽残余，即"四旧"——旧思想、旧文化、旧风俗、旧习惯。在这一过程中，他们常常诉诸暴力。红卫兵殴打教授、知识分子、政府温和派官员，打砸庙宇，毁

135

坏文物。尽管如今很多中国人对"文化大革命"深感遗憾，但在当时，这些年轻人认为他们是在执行崇高使命，打破衰弱的旧中国，开创没有腐败、没有压迫、没有孔子的现代化的文明时代。

而"四旧"的总代表是孔子，因此圣人成了红卫兵的头号大敌。"文化大革命"开始不久，激进的学生就盯上了孔子的家乡曲阜，那里有儒家的三大历史遗迹：孔林、建于14世纪的孔庙还有孔氏家族的旧宅孔府。红卫兵认为，不毁掉这三个有关孔子的建筑，就无法完成"破四旧"的任务。1966年下半年发生在曲阜的斗争是全国批孔运动中的典型事件。

曲阜的浩劫拉开了中国批判孔子的序幕。

孔子经常和死亡、腐朽联系在一起。他常常被刻画成孱弱的老者或骷髅，有时他还会和坟墓、枯骨、棺材画在一起。宣传人员还歪曲孔子在帝制时代获得的谥号。在一幅画中，墓碑上的大成至圣先师变成了大成至牲先逝。

正如我们所观察到的，中国的批孔运动以及全球化和西方化共同削弱了孔子在亚洲的影响力，而这在几十年前是不可想象的。美国学者狄百瑞写道，截至20世纪60年代，除了为数不多的研究古文的学者外，儒学在东亚鲜为人知。儒学似乎已经进了博物馆。

学术界和政界确实如此。但是在其他领域，孔子顽强地生存了下来。经过数百年的儒学教育和影响，亚洲社会无法轻易摆脱孔子的影响。他的思想已经和东亚的文化和生活融为一体，甚至使人无法意识到他的存在。20 世纪后半叶，国际上开始讨论孔子、孔子的遗产以及孔子应该在现代社会发挥什么作用、避免产生什么影响。

137

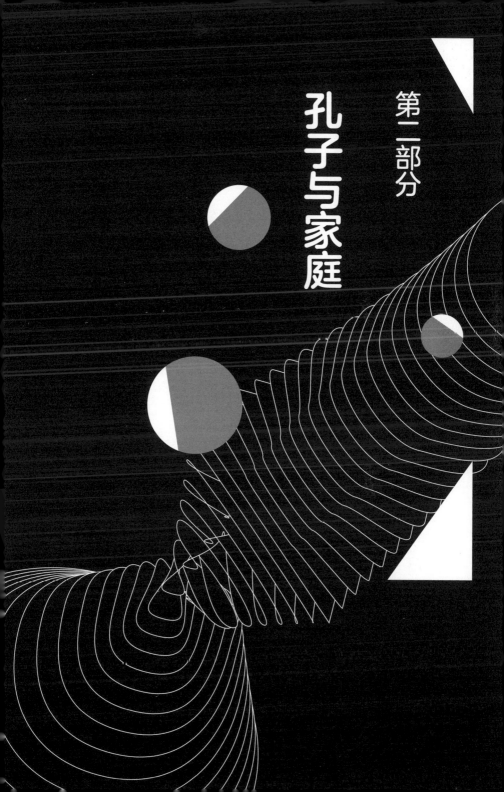

第二部分

孔子与家庭

第五章

孔子：父亲

父母唯其疾之忧。

——孔子

罗康瑞出身商人世家、名门望族。作为香港大亨，他创立了瑞安集团，在中国各地开发购物中心、写字楼和居民楼。他的企业市值达二百七十亿美元，而他每天乘坐飞机飞往各地，管理自己的商业帝国，寻找促进企业发展的新商机。不管身在何处，也不管需不需要谈生意或处理财务相关的问题，罗康瑞周末都会返回香港，并于周日晚间与九十三岁的母亲罗杜莉君共进晚餐。罗康瑞解释说："家庭非常重要。我父亲就非常孝顺我的爷爷、奶奶。他教导我们要孝顺老人。"

罗康瑞和他的兄弟姐妹尊重父亲的教诲。罗康瑞母亲住在香港岛太平山。6月一个闷热的晚上，罗康瑞的兄弟、姊妹、儿孙、曾孙四代人齐聚母亲家的餐厅。罗康瑞的儿子艾德里安刚刚毕业于美国三一大学。与美国年轻人不同，他周日不出门找朋友玩，也不在家玩电子游戏。艾德里安说："我都没想过周日不和家人吃晚饭的情况。我大学时的美国朋友在十七八岁时就想从父母家搬出去居住。他们没有这么强烈的家庭归属感。"

罗家的晚餐与往常一样传统。罗康瑞的父亲罗鹰石生前是晚宴的主角。罗康瑞回忆说，他和他的兄弟姐妹会安静地坐着，低头看着餐盘，听父亲讲学习的重要性，谈论他们的前途。在过去和现在的香港，这种情景非常普遍。罗康瑞称，他的父亲是典型的中国父亲。罗鹰石去世后仍影响着子女。餐厅的墙上挂着他写的家训，读起来像这个家族的《论语》。家训或告诫子女勤劳俭朴，或劝导他们孜孜不倦地学习。

如今，他的父亲不再是家宴的主角，而家里几乎所有人都曾留学美国或澳大利亚，所以晚宴平添了几分西方气息。年幼的子女没有紧张地盯着自己的食物，而是欢快地嬉戏。大人们则坐在桌边吵吵闹闹地竞相讲故事，互相争论，交流观点。现在，他们在讨论去哪里度假。尽管年事已高，罗母每年仍在家人的陪同下，外出旅游一次。他们原本计划去新加坡旅游，但是罗康瑞建议改变计划。他告诉家人，印度尼西亚的丛林大火严重污染了邻国新加坡的空气。其他人开始七嘴八舌地讨论去哪儿。只有罗母才能让大家安静下来。尽管她不如他们的父亲强势，但是按照辈分，她是家里最有权威的人。别人都要听她说的话。罗氏家族在某些问题上仍然出人意料地保守。罗康瑞的三个兄弟和他们的妻子都住在母亲家，有各自的卧室。每当母亲的生日和农历新年，罗康瑞和他的兄弟姐妹会给母亲磕头，表示孝顺。罗康瑞说："我们吸收了东西方的精华，既西方化又传统。"

这完全是儒家传统。圣人通过影响家庭，深刻地影响亚洲社会。很难想象，美国身价上亿的企业总裁会认为和母亲共进晚餐是每周的重点事务，更别提和母亲住在一起了。相比西方，东亚更为重视家庭责任。过去两千年来，儒学中的家庭观尤为深入人心。孔子通过人与人的责任构建了紧密的家庭关系。父母要精心抚养、教育子女，子女要赡养年迈的父母。在西方，父母独自度过晚年是司空见惯的现象，在东亚子女则会因此而蒙羞。同时，孔子确立了严格的家庭等级关系。父亲要像罗康瑞的父亲一样，严厉地命令子女顺从，关心子女的前途。虽然母亲在家中要服从丈夫，但她说话也很有分量。母亲坚强、慈祥，值得尊敬。子女要让父母快乐，遵从父母的意志，并优先考虑父母的需要。父母去世之后，这种关系仍然存续。子女要按照祭祖的习俗祭拜父母。

儒家家庭关系具有普遍性。印度、中东甚至西方的家庭也常常以父亲为中心。在世界各地，人们教育子女遵从父母。（《圣经》记载的摩西）十诫第五条规定孝敬父母。这和孔子的思想是一致的。在近现代，西方人告诉子女："爸爸知道得最多，大人说话，小孩别插嘴。"青少年不愿做功课、早睡会被认为不听家长的话。各种文化都强调家庭和睦的重要性，鼓励家人增进感情。我记得小时候每周日会去祖父家吃午饭。我的祖父经营小餐馆，会做小酥饼、肉丸，熬热气腾腾的鸡汤，准备丰盛的午餐。

不过，儒学的家庭观完全不同于西方。儒学的独特性在于家庭是儒家思想的核心。孔子强调孝顺父母高丁社会责任。在

145

他的影响下，家庭关系具有了丰富的外延。孔子认为，家庭是世界幸福、安康的基石。家庭兴旺、和睦，达到孔子所说的治，社会就会强大、稳定、欣欣向荣。反之，家庭不宁，社会就会陷入混乱。尽管孔子以坚持有道政府的观点而闻名，并不厌其烦地谈论圣君，但在孔子想要建立的理想社会中，治理者不是作威作福的政府官僚，而是具有家长作风的父亲——他们管理各自家族。儒家的家庭观塑造了个体行为和组织形式。1936年，作家林语堂解释道："家族制度是中国社会的根底，中国的一切社会特性无不出自此家族制度。面情，宠婴，特典，报恩，礼仪，官吏贪污，公共组织，学校，基尔特（同业联合会），博爱，慈善，优待，公正，而最后全部中国政治组织——一切都出自此家族及村社制度，一切都从它摄取特质和状态，更一切都从它寻取解释特殊性质的说明。"

井然有序的儒家家庭构建于孝的理念之上。毫不夸张地说，孝在孔子所有哲学思想中处于核心地位。在儒家模范家庭中，子女孝顺父母，把父母的利益和需要放在自己前面。孝是儒家衡量人的道德品质的标准。实际上，儒家认为，孝是所有美德的基础，是生活中各种合理的社会行为的根基。一个人尊敬父母，就是忠诚的子民、诚实的君子和忠贞的配偶。

儒家不惜笔墨，详细论述了子女对父母的孝道。从此，孝有了详尽、严格、世代相传的规定。父母对子女拥有几乎绝对的权力。在中国古代，子女实际上没有任何自由，由父母决定他们的婚配、工作甚至居住地。1971 年，心理人类学家许烺光写道："生活中可供选择的道路不多。除了一条路，即亦步亦趋地跟随父亲、祖父还有整个家族的祖先以外，其他道路都是被禁止的。沿着世代行走的道路，生活会一帆风顺；其他一切道路都通向苦难与自我毁灭。"在儒家社会，孝的义务几乎无穷无尽。例如，从唐代（618—907 年）开始，中国就开始宣扬献人肉式的孝。倘若父母身患不治之症，子女要从自己身上割肉，煮熟，喂给生病的父母吃。

当然，这种极端的例子还是少数。儒家的孝文化对东亚非常重要，确实也使它在过去对该地区产生广泛影响，并继续影响未来。历史学家南恺时写道，"孝几乎塑造了中国社会生活的方方面面：对权威的态度、居住习惯、自我观、婚姻习俗、性别偏好、感情生活、宗教信仰和社会关系。"简而言之，儒家的孝决定了人在世界中的位置，构建了东亚社会的结构。各种人际关系几乎都染上了家庭色彩：政府和民众的关系，东亚的企业管理，以及人与人在工作、娱乐、偶遇等场合的互动行为。

要求别人顺从的父亲随处可见：上级、老师、国家领导还有偶遇的老者。从整体上看，人际关系具有了与父子关系类似的上下级关系的性质。因而，社会出现了等级。你与亲戚的辈分决定了你在他们面前的行为。其他因素还包括年龄大小、职位高低、在公司中的头衔。孔子认为，身份和工作决定了人在

147

社会中扮演的角色；如果每个人理解、扮演既定角色，社会就会达到和谐状态。儒家对身份和地位的重视延续到了今天。你走进东亚公司的会议室，首先要交换名片：名片上的职位决定了你和与会人员的地位。

孝的盛行也遭到了猛烈抨击。有人批评，孝以及由孝衍生的等级固化产生了负面作用：创业精神被遏制、校园欺凌现象被纵容、企业竞争受到打击、专制制度获得了滋生土壤。

如今，关于儒家的孝在现在社会中的作用仍然没有定论。一方面罗氏和其他家族试图融合、平衡儒家和西方家庭价值观，另一方面，拥护传统的人悲叹西方个人主义削弱了社会力量，导致了老人无人赡养、问题青年等社会弊病。有人认为，儒家孝文化受到的清洗不够彻底，因而仍然遏制着21世纪社会所必需的独立品格和主动精神。还有人希望坚持儒家家庭传统，但由于担心打上落伍、反现代的标签，而不愿接受孝。然而，即使在全球化的背景下，倘若不理解孝和孝在儒家思想中的作用，我们就无法理解东亚文化和东亚社会。在亚洲，孝并不是孔子首先提出的。有考古证据表明，远在公元前30世纪初，中国已经开始祭拜祖先。到周朝初期，大约孔子出生前的五个世纪，赡养父母已经成了道德准则。不过，孔子确实对这个概念进行了阐述，对孝的内涵也进行了根本性的扩展。他认为真正的孝不仅包括在物质方面赡养、尊敬父母还包括恭顺和服从。孔子在《论语》中对此做了阐述："今之孝者，是谓能养。至于犬马，皆能有养；不敬，何以别乎？"孔子还曾说过："父母唯其疾之忧。"有人向他问孝，他直截了当地说："无违。"

尽孝比孔子说的要难得多。孔子及其后世的弟子定下了烦琐的规矩和仪式。尽孝没有终点，会持续人的一生，左右人生的重要抉择。有儒家典籍以圣人的口吻解释道："孝子之事亲也，居则致其敬，养则致其乐，病则致其忧，丧则致其哀，祭则致其严。"孔子认为，孝极为重要，它应该决定子女的居住地和工作地点。他告诫说："父母在，不远游。"孝顺的子女做经济决策也要以孝为依据。他曾经建议："谨身节用，以养父母。"

子女尽孝的责任不会随父母的去世而结束。子女是否恭敬取决于他们是否能够遵循已故双亲的遗愿。孔子说道："父在，观其志；父没，观其行；三年无改于父之道，可谓孝矣。"在儒家礼仪中，为父母守孝最为重要。孔子规定的守孝期长达三年。在此期间，"君子之居丧，食旨不甘，闻乐不乐，居处不安，故不为（食夫稻，衣夫锦）也。"有弟子对孔子说，三年时间太长。孔子在这个有意见的弟子离开之后解释说，按规定时间守孝是子女报答父母抚育之恩的最低要求。孔子说："子生三年，然后免于父母之怀。（弟子）予也，有三年之爱于其父母乎？"

久而久之，孝具有了令人难以置信的烦琐规定。儒家五经

149

之一的《礼记》是详细解释礼仪的著作。流传到今天的《礼记》可能编纂于汉朝（公元前202—公元220年）初期。书中写道，在黎明时分，儿子和媳妇应该梳洗装扮，然后去给父母、公婆请安。

> ……下气怡声，问衣燠寒，疾痛苛痒，而敬抑搔之。出入，则或先或后，而敬扶持之。进盥，少者奉盘，长者奉水，请沃盥，盥卒授巾。问所欲而敬进之，柔色以温之……父母在，朝夕恒食，子妇佐馂，既食恒馂。

怎样才能让子女甘愿为父母搔痒、吃父母的剩饭、下气怡声呢？一般而言，宗教教义和道德规范都要求信徒做与个人欲望相反的事情。在这一问题上，儒学做得很好。在中国，父辈、学者和政府官员设法让子女相信，孝符合父母和子女双方的利益。从某种程度上讲，儿子会记住：有一天，他们倘若能够活到那一天，会代替父母，站到儒家家庭的顶端，获得成为一家之主的机会。儒家对孝的广泛宣传使年轻人即使不考虑成人以后的好处，也难以排斥孝。家庭和学校从娃娃抓起，灌输孝的重要性。久而久之，孝深深扎根于东亚的家庭中，成为无可置疑的习俗。孝几乎变成了日常生活自然而平常的一部分。

普及短篇寓言故事是使孝深入人心的最有效的方法。这些故事称赞孝顺的子女，赞扬他们是仁义的楷模。东汉时期这些故事开始在文人间广泛流传。几个世纪以后，它们演变成了民间故事，在中国的坊里田间以及东亚其他受儒家影响的地区反复传颂。不管有没有受过教育，人们都能讲出一两篇这种故事。插画故事集《二十四孝》就是这种故事的合集。《二十四孝》约成书于元代（1271—1368 年），是中国历史上最流行的图书。书中的大部分故事描写的都是儿子为尽孝而自我牺牲的壮举。有一则故事讲的是主角赤手空拳打退老虎救父的故事；另外一篇讲的是儿子为了让父母安睡，情愿让蚊子叮咬自己的故事。

除了道德说教，这些故事还讲到了回报，声称孝敬父母的人会有好报，以达到让子女尽孝的目的。有则故事讲述了年轻人舜的故事。尽管父顽，母嚚，他仍十分孝顺父母。中国的帝王对他非常满意，事以九男，妻以二女，遂以天下让焉。还有一则故事讲到，郭巨家里很穷，没粮食养活年老的母亲和三岁的儿子。为了尽孝，郭巨做了个可怕的决定：杀掉儿子，奉养母亲。郭巨告诉妻子："子又分母之食，盍埋此子？"他挖坟的时候，发现了一罐金子——上天被他的孝行感动，赐给他礼物。

有人认为，孝蕴含着强大的力量，因此孝敬父母可以创造奇迹。有个故事讲到，一个叫孟宗的人孝顺生病的老母亲，碰到了神奇的现象。母亲想喝竹笋汤，但是当时正值隆冬，地里长不出竹笋，孟宗无计可施。他走进竹林开始哭泣。故事讲

151

道："孝感天地，须臾，地裂，出笋数茎。"他收起这些神奇的竹笋，做成汤，治好了母亲的病。

在另外一则故事中，一个叫董永的人家境贫寒，借钱埋葬亡父。为了还债，他为债主做长工。在路上，他遇到了一个愿意以身相许的女人。他们一起为债主做工。债主要求他们织三百匹绸缎。故事讲道："一月完成。在他们回家的路上，女人归至槐阴会所，遂辞永而去。"董永的孝行感动了上天，所以上天赐给他这个仙女。

孝成为中国文化核心的过程可以充分说明孔子成为东亚文明最重要的哲学家的历程。政府法令和学者的教导不能使中国成为儒家社会。中国的儒家化需要时间——实际上经过了千百年，和很多因素。其中一个因素是孝在中国家庭中占据着首要地位。孔子曾对塑造东亚家庭发挥了重要作用，而东亚家庭对儒家思想的传播同样重要。孝的学说在东亚普通民众中确立了孔子的重要地位。随着儒家家庭习俗和礼仪在这一地区家庭中的普及，孔子的重要性和尊孔习俗也深入人心。

实际上，这是先有鸡还是先有蛋的问题。孔子创造了典型的东亚等级家庭模式？还是东亚的等级家庭模式传播了孔子学说？历史表明，二者同时发挥了作用。公元元年前后，随着家庭性质的改变，孝的思想开始为中国社会广泛接受。中国家庭适应了已经发生变化的政治和经济环境，所以接纳了孔子关于家庭的实用学说。汉武帝发现儒家思想有利于巩固汉朝统治，而中国家庭发现儒家思想可以创造巨大的政治、社会和经济优势。

一般认为，亚洲家庭的规模庞大而复杂。在亚洲各地，几代同堂的现象仍然普遍存在，例如罗康瑞一家。祖父母和他们子女、祖孙住在一起。然而，在孔子生活的年代，情况并非如此。当时的家庭模式更加接近现代由四五个成员构成的小规模家庭模式。实际上政府鼓励小家庭。随着周朝的解体，战国时代的诸侯希望将大家族分割为小家庭。士兵以家庭为单位进行征召；家庭越多，可征召的士兵也就越多。秦国（公元前221—前207年）尤其激进，采取税收措施缩小家庭规模。

但是，随着汉朝（公元前206—公元220年）的发展，几代同堂的大家族成为理想模式。大家族出现的原因有很多。农业技术的革新，例如牛拉犁耕地的出现，提高了农业产量，增加了劳动力需求。受家庭对额外劳动力需求的刺激，家庭日益集中资源和人力。家庭规模扩大的另外一个可能的原因是汉朝的衰落。政治动荡导致中国经济衰退，家族必须构成大家庭，才能获取更多资源。大家族对地方政府拥有更大的影响力，能够更方便地安排家属担任官职。因此门阀掌控了地方政治和经济事务。结果，权力由中央向名门望族转移，衰弱的汉朝对此无力阻止。

无论出于什么原因，到公元2世纪，家庭规模变得更大了，家族也拥有了更大的影响力。名门望族开始称自己为百口——

153

这个词有时毫不夸张。祖父母、祖孙、兄弟和他们的妻子、堂兄弟姊妹几百人居住在宽大的院落中。然而，使庞大的家族保持凝聚力极为困难。妻子出于保护子女利益的需要，向丈夫施加压力，因此丈夫和兄弟产生矛盾。儿子通过脱离父亲的掌控，建立独立的家庭，能够获取部分家庭财富。但是，大家族却能带来很多物质和社会利益，因此维持大家族成为重中之重。那么父亲如何让后代住在一个屋檐下呢？

答案是皈依儒学。家长们意识到，要推行严格的等级制度获得几乎无可置疑的权威，培养儿子、祖孙服从的责任感。孔子和孝的思想因此备受青睐。孝将对父亲或家族长老的服从变成了道德要求以及衡量个人价值与文明行为的基本标准。它成为了为说服子嗣将家族整体利益放在个人利益之前而量身定制的思想。因此，维持大家族的需要是儒家思想在中国社会传播的关键因素。在等级家庭的形成过程中，孔子只提供了巩固这种家庭形式的催化剂。

不只专横的父亲发现了孝的价值。任何有权力的人，包括皇帝，都能通过操纵儒家的孝，获得良好效果。中国政府和儒家官员注意到了这一点。孝若能造就孝顺的子女，难道就不能培养忠于国家的子民吗？孝能为政府所用的潜力促进了孝和孔子融入中国社会。孝在中国日益重要的地位与它维持王朝秩序的作用直接相关。

早在汉朝，皇帝就开始极力宣扬孝。政府在学校反复向孩子灌输相关思想，免除模范孝子的赋税或给予其他奖励，并将孝作为推荐政府官员的重要指标。汉朝除了开国皇帝，所有皇帝的谥号中都有孝字，用以彰显皇帝的孝行。在以后的两千年中，帝制政权始终在宣扬孝。例如，14 世纪晚期，明朝的开国皇帝下诏，命令在全国挨家挨户宣传孝。诏令写道："置木铎一，内选年老或瞽者，每月六次持铎徇于道路。……曰'孝顺父母，尊敬长上，和睦乡里，教训子孙，各安生理，毋作非为。'"

诏令的目的是为了让中国百姓相信效忠皇帝和孝顺父亲同样重要。在这方面，儒家为皇帝提供了充足的文献，其中最主要的是短小而影响巨大的《孝经》。这部著作主要记载了孔子和他的一名弟子的对话。通过对话，圣人详尽地阐明了孝的思想。传统上认为，这本在中国历史上具有很高地位的著作，以问答的形式记载了孔子的言论。但是，现代学者认为《孝经》在孔子去世之后很久才编纂完成——约成书于汉朝初期，其中有多少真正是孔子所说的话存在争议。尽管如此，这部著作将孝提升到了孔子本人未曾企及的高度，具有重要的历史意义。

在《论语》中，孔子强调仁是德行的基础，而在《孝经》中，他论述了不同的观点。他宣称："人之行，莫大于孝。"孝成了所有美德的核心："至德要道。"为进一步阐述孝的意义，孔子增加这一概念的普遍意义。在儒家家庭中，父亲拥有无可置疑的权力。这种家庭形式符合天意，关系着全社会的繁荣。

155

家庭是防止社会陷入混乱的主要堡垒。儒家学者认为孝可以使农业丰收、渔猎增产。不孝会导致疫病横行。孝成了天、地、人之间联系的重要纽带以及维持普遍秩序的必要条件。孔子在《孝经》中解释道："夫孝，天之经也。"

这部著作不但强调了孝的首要地位，还详细解释了如何在各领域尽孝，实现了孝从家庭到国家的无缝对接。儒家认为，孝并不仅仅局限于厅堂之中。人们要首先在家中学会在更为广阔的世界中为人处世的道理。在家中尽孝可以让人学会如何在工作单位、学校或其他社会组织中处理人际关系、结交朋友。家中陶冶的道德情操可以应用到社会中。换句话说，儒家家庭是训练君子的地方。孝顺的子女不只是乖孩子，也是优秀的学生、同事、国民。孔子在《孝经》中讲道："事亲者，居上不骄，为下不乱，在丑不争。爱亲者，不敢恶于人。"无论家里家外，无论农民还是帝王，如果所有人都尽孝，社会就会秩序井然，和平就会降临。孔子说："尽孝，则民用和睦。"

因此，儒家认为，在人际交往中复制父子关系是社会安康的秘诀。无论是在工作、行政还是在个人生活中，任何有权力的人都应该得到他人在家中对父母所表现出的忠诚和敬畏。《孝经》列举了很多例子。在其中一个例子中，孔子解释了低级官吏如何以对待父亲的态度对待上级和皇帝。孔子说道："资于事父以事君，而敬同。故以孝事君则忠，以敬事长则顺。"因而，儒家经过关键性的分析，将子对父的孝等同于民众对政治领导的忠诚。《孝经》中写道："夫孝，始于事亲，中于事君。"并进而解释说，"君子之事亲孝，故忠可移于君。居家理，故治可移于官。"

在儒家思想中，国家成为了放大了的家。倘若国家像家一样，政府就会有道，社会就会井然有序。儒家最重要的典籍之一《大学》直接写道："一家仁，一国兴仁。"家的顶端是威严而慈爱的父亲，他管教、爱护子女；国家的顶端是皇帝，他拥有统御万民的至高权力，同时又全心全意服务于子民的根本利益。《孝经》引用中国古诗，称君主为民之父母。正如孝的目的是培养品行端正、孝顺的子女，使他们不愿违背父母之命一样，孝同样也是为了培养忠诚的子民，使他们不愿起义反对国家。《论语》的第二段记录了孔子的一位弟子的话。他解释说："其为人也孝弟，而好犯上者，鲜矣；不好犯上，而好作乱者，未之有也。"

从表面上看，儒家孝的概念使权威人士拥有了无限的权力。儿子要顺从父亲，子民要忠于皇帝。孝和顺是相等的。果真如此吗？也许，最让儒家头疼是孝有没有限度的问题。如果有限度，如何界定。对这一问题的回答至关重要。它涉及儒家的权力观：如何使用权力以及服从权力可以得到什么回报？儒学认为，全社会像个大家庭，所以儿子相对父亲的权力直接影响着人相对政府的权力。父子关系影响着国家对待子民的态度、子民对待官府欺凌的态度以及东亚社会的人们自由的程度。

157

孔子关于孝的思想比表面上看要复杂得多。一方面，孔子从未明确说明孝的界限。在他有记载的大部分论述中，他强调无条件服从。这表明孔子希望子女在任何情况下都要服从父。另一方面，子女要孝顺父母，忠于有权力的人。

《孝经》记载，曾有人直接问，孝是否意味着对权威的绝对服从。孔子吃惊地反问："是何言与！"孔子坚信，孝子对父亲不恰当的行为，有反对或争的义务。这是矫正错误、匡扶正义的唯一途径。适用于孝子的理论也适用于居于从属地位的人——最重要的是适用于服务于君主的大臣。孔子解释道："昔者天子有争臣七人，虽无道，不失其天下；父有争子，则身不陷于不义。故当不义，则子不可以不争于父，臣不可以不争于君；故当不义，则争之。"

争要争到什么程度呢？如果父亲无视儿子的建议，一意孤行，儿子该怎么办？孔子允许儿子反叛父亲吗？换句话说，道德高于孝吗？孔子明确地给出了否定的回答。他认为，儿子有义务尝试纠正父亲，但应适可而止。儒家思想禁止儿子或下级以武力挑战权威。因此，不管父亲犯有什么罪行，儿子都必须遵从父亲。孔子在《论语》中阐明了这一点："事父母几谏。见志不从，又敬不违，劳而不怨。"《礼记》进一步阐述了这一观点。书中写道："父母有过，下气怡色，柔声以谏。如果父母不听，与其得罪于乡党州间，宁孰谏。父母怒、不说，而挞之流血，不敢疾怨，起敬起孝。"像这种对抗议的限制不光适用于儿子。孔子的一位弟子在《论语》中说道："事君数，斯辱矣。"

《论语》记载了孔子周游列国时与叶公的对话。这段对话是所有儒家典籍中最直白地强调孝在儒家思想中的重要性的论述。叶公对孔子说，当地有人因为向官府举报父亲偷羊，受到人们尊敬。孔子不赞同这个人的行为。孔子回答说："吾党之直者异于是。父为子隐，子为父隐，直在其中矣。"他暗示，子对父的忠诚高于法律，甚至高于基本道德原则。孔子学说强调无论在哪里，无论出现什么后果，都要行仁义，所以这段记载似乎与孔子学说相矛盾。18 世纪学者程瑶田试图为这段话辩解。他认为，孔子只是认为，人们理所当然地会把家族利益放在国家和社会利益之前。儿子若为公共利益牺牲亲生父亲，就是有自私的目的。

尽管如此，批评孔子的人对孔子偏爱家庭的思想感到惊骇。法家思想家韩非子是早期攻讦孔子孝的思想的代表。孔子认为，家、国、社会不存在利益冲突，实际上，三者的利益是一致的。但是，韩非子不以为然。他辩称，国家和家庭有天然的、重大的区别，因此孔子关于孝的思想会扰乱社会秩序。孔子以家庭为理由规避社会责任，是煽动人民反对政府权威。

为了证明这一点，韩非子讲了一个故事。在孔子的祖国鲁国，有个人从君战，三战三北。孔子问他为什么，这个人回答说："吾有老父，身死莫之养也。"韩非子说，"孔子以为孝，

159

举而上之。"韩非子认为，这给鲁国带来了灾难："仲尼赏而鲁民易降北。"他写道，这种结果表明夫父之孝子，君之背臣也。韩非子进一步分析道，关于家庭是秩序之源的思想已误入歧途。他指出，尽管父子关系是最亲密的关系，但是父亲仍然要经常管教不守规矩的儿子。那么，这种关系怎么能成为维持整个社会秩序的模式呢？韩非子写道："人之情性，莫先于父母。皆见爱而未必治也，虽厚爱矣，奚遽不乱？"

在这一点上，孔子关于忠诚和权威的思想也完全不同于西方。孝在他的思想中的极端重要性和由此产生的无条件服从也许是西方习俗和儒家哲学的根本分歧。西方人不鼓励人们绝对服从父母、老师、上司或政治领导人，而认为，反抗仗势欺人、道德败坏的权威是英雄行为。子女最后应该拥有自己的生活方式、无须依靠父母、有主见和独立人格。西方人无法理解孔子关于人应该盲从权威人士的思想。

但是，孔子真的想建立一个充斥着被专横的统治者愚弄的没有思想的顺民的社会吗？他希望人民屈从于不公和凌辱吗？完全不是。在孔子的道德体系中，任何人不论在社会体系中处于什么地位，都不能肆意妄为。的确，父亲受子女敬畏，但是他也要以慈爱回报孝顺。他们要以最为真诚和慷慨的态度关心家人福祉。换句话说，儒家的孝不是单向的。父亲不应该是独裁者，以此类推，政府领导也不应该是独夫。既然父亲有关爱、照料子女的责任，那么君主作为国父同样有义务以德统治忠诚的子民。

《论语》中有充分证据证明这一点。子贡曾问孔子："有一言而可以终身行之者乎?"孔子回答:"其恕乎!"前文提到,孔子说:"己所不欲,勿施于人。"父子、君臣都没有例外。儿子对父亲和长辈所表现出的尊重是人与人相处的基础。《论语》中一个弟子说道:"君子敬而无失,与人恭而有礼。"任何人,包括位高权重的人,都禁止滥用权力。孔子规定:"君子贞而不谅。"君子应该以提携身边的人作为成功和福祉的标准。孔子说:"夫仁者,己欲立而立人,己欲达而达人。"在《大学》中,孔子希望皇帝遵守这些戒律:"孝者,所以事君也;弟者,所以事长也;慈者,所以使众也。"虽然孔子倡导在家庭和社会中构建等级制度,但是他无意让父亲专横跋扈,也无意让帝王独裁专制,更无意让君父治下的人民因恐惧而颤抖。

然而,现实和哲学存在偏差。儒家的孝受到强权者操纵,沦落成了恫吓弱者的工具。居于支配地位的君父一方掌握了所有权力和特权,而处于从属地位的子民一方则不得不承担所有义务。虽然孔子本意是好的,但是他似乎未曾预见他的孝容易被人操纵,他关于道德的论述也未曾讨论这种行为。也许,孔子的最大罪行是太天真。

批评孔子的人却认为他的罪行远非如此。随着 19 世纪中国及其邻国遭到西方文化、思想和意识形态的狂轰滥炸,儒家的孝遭到了亚洲人和其他地区人士一致的猛烈抨击。它从百善

161

之首沦落成了导致中国落后的过时社会思想。1922年，英国哲学家伯特兰·罗素写道："孝和家庭的整体力量也许是儒家伦理道德最为薄弱的环节，是儒家思想体系中唯一严重背离常识的地方。家庭感情对公共精神产生了不良影响，守旧的权威助长了残酷的古老习俗。如今中国面临着采纳全新思想的问题，儒家体系的这种特点则成为了变革的阻力。"

中国作家林语堂认同这一观点。1936年，他辩称，儒家将家庭地位抬得过高，损害了西方所认为的对社会和国家至关重要的责任。他的观点很像法家思想。他写道："矛盾常存在于家族观念与公共精神二者间。从现代的眼光看来，孔氏学说在人类五大人伦中，脱漏了人对于异域人的社会义务，这遗漏是巨大而且灾苦的。博爱在中国向非所知而且实际加以消极地抑制的。一个家族，加以朋友，构成铜墙铁壁的堡垒。在其内部为最高的结合体，且彼此互助，对于外界则取冷待的消极抵抗的态度。"林语堂认为，孝因此在无意之中成了腐败滋生的温床，从内部腐蚀了组织，增加了现代化的阻力。例如，政府官员任用亲属担任幕僚，激烈反对任何政治变革。他写道："这样拿干俸和徇私的习惯，随着每度政治变革运动而发展起来。……这种习惯加上经济的压迫，变成一种不可抗拒之力，毁损人而不受人之毁损。这种力量是异常巨大的，虽经政治改革期的屡次努力，秉着十分热情的好意也终于收了失败的结局。"他接着写道："腐败对于公众是一种恶行，对于家族却是美德。"

批评人士同时声称，儒家家庭窒息了中国屹立于现代世界所必需的独立精神。林语堂写道："家族制度为个人主义之否定，它又限制个人的活动有如骑士之缰索控制阿拉伯野马的奔驰。"接受了现代思想的人通过观察西方，发现西方的政治和经济制度都以个人自由为基础。民主依靠个人投票和直抒己见的能力；资本主义的动力来源于个人追逐利润时释放的能量。这些思想家认为，孔子通过把儿子置于父亲的掌控之下，阻碍了现代中国的兴起。1916年，陈独秀问道："律以儒家教孝、教从之义，父死三年，尚不改其道；岂能自择其党，以为左右祖耶？"

至今这种批评仍然存在。韩裔美国作家韦斯利·杨指责，受以孝为基础的服从思想的影响，美国的亚裔人群普遍无法成为美国企业和社会的领导者。2011年，韦斯利·杨痛苦地写道："有时我怀疑我的面孔会给其他美国人留下这种印象：隐形人，大众脸，难以辨识。一个表面被这种文化尊重，实际上却被蔑视和利用的符号。既是一群'数学好'、会拉小提琴的人，也是一群沉闷、压抑、遭受欺凌、循规蹈矩的，类似机器人的，在社会和文化中无关紧要的人。……让我总结一下我对亚洲价值观的感受：孝该死。"

这种指责儒家的孝反现代的批评导致年轻人质疑孝在当代社会中的价值。除了言论，社会经济在削弱儒家传统的过程中

163

发挥了重要作用。19世纪反对改革的、古板的保守派大臣倭仁和中国帝制时代的其他官员，曾担心西方思想的涌入会威胁孔子及其学说的地位，而如今这种担忧已成为现实。随着亚洲接受西方的政治制度、意识形态、经济制度和社会习俗，古老的儒家家庭生活方式已经淡化。现代社会的需求与儒家关于孝行的思想发生了冲突。孔子曾劝告儿子不要远离父母，但是在商业和金融网络全球化的今天，为了找到好工作，子女别无选择，只能奔赴全国各地，甚至世界各地上学、就业，与家人长时间分离。布鲁金斯学会社会学家王丰表示："21世纪社会的压力正在终结孔子学说最后的希望。"

结果，东亚在家庭功能方面越来越靠近西方。孩子结婚不再像以前听从父命；如今他们通过恋爱选择自己的配偶。越来越多的孩子很小就搬出父母家，住在大学里或单独和朋友住在一起。尽管东亚的年轻人获得了个人自由，但是孝的解体也导致了严重的社会问题。孔子曾经担心，没有孝，老人就会被儿子抛弃，原因在于儿子会更关心子女和爱人。这也是孔子强调孝的一个原因。在现代东亚社会，他的担忧变成了现实。在很大程度上，四代同堂的家庭在中国已经消失了。老人已很少和子女住在一起。在这一地区，赡养日益增多的老年人已经成为了决策者最为头疼的问题。他们再也不能依靠家庭养老了。新加坡政府非常忧虑，采取了立法手段，督促不负责任的年轻人履行古老的孝道。1995年，新加坡制定《赡养父母法》，规定对不提供充足的经济帮助的子女，老人可将子女告上法庭。

起草这一法案的前议员沃尔特·伍恩认为，这个法律是对传统家庭价值观消亡的回应。伍恩说："我见过很多子女不赡养老人的案例。我认为这不是好现象。反对这项法律的人都是受过教育的华裔。他们表示不能制定这种法律。他们说，这是要把儒家伦理道德法律化。它应该由孝督促。我的回答是这和孝无关。孝失效，才有立法。如果人们仍然奉行儒家思想，我们就不需要立法。关键是孝在消失，所以我们需要法律。"

新加坡的决策者效仿中国帝制时代的官员，宣传儒家的孝。政府投放电视广告，弘扬儒家道德。2010 年的宣传片《孝：父子》，讲述了一名男子照顾老母亲的故事。他恭敬地搀扶她走路，吃饭时对她关心备至（甚至因此责骂妻子），在医院照料她。男子年幼的儿子看着这一切，问父亲为什么这么孝顺他的妈妈。画面闪回到了男人的童年。画面中，他的母亲冒着大雨带他去看病。宣传片中，男子看着病重的母亲躺在病床上，眼中噙满泪花，为她唱起了歌。画面然后显示爱代代相传的文字。

在东亚，新加坡政府不是唯一试图重提孝道的政府。有些决策者认为孔子能够纠正由于西方思潮渗透而产生的弊端。韩国文化部和地方政府已经把大批废弃的儒学书院建成学校，教授儒学。在朝鲜王朝时代，学院的教室中坐满了学习儒学典籍、准备参加科举考试的学生。新启用的学校将教授较为简化的圣

165

人思想，李惠木称之为儒家礼仪。

李惠木经营的儒学学校位于首尔郊区果川的一座现代化写字楼中，紧邻古老的书院。一天早晨，二十四个女生挤在教室中，学习正规的儒家家庭关系。老师强调，按照正统的儒家家庭观，良好的家风是社会和谐的基础。在其他日子，学校则开展亲子教学，讲授孝的价值。一本关于孝的奇迹的儿童读物使用可爱的插图和简单的语言阐释传统家庭的角色。有幅画画的是父子俩一起给奶奶唱歌的场面。文字说明写着："父母爱孩子，孩子爱父母，你们是最好的朋友。"另外一篇讲的故事来自古代的《二十四孝》。画上画着一位母亲拿着木棍，她的儿子在一旁正在哭泣。他说，他哭不是因为母亲打他，而是因为打得不疼——暗指母亲上了年纪，没有力气。

李惠木一贯认为，这种儒学教育对在堕落的亚洲重建道德至关重要。他解释说："孝是维系社会良俗的重要因素。二十年以前，人们比现在有礼貌。在公交车上，年轻人会给老人让座。现在这种现象消失了。如今社会出了很多问题。在现代家庭中，人们没有礼数，不和祖父母来往，子女也不尊重父母。社会非常混乱，有必要恢复秩序。"李惠木说："因此，官员们又开始用孝教化韩国年轻人。政府认为，我们必须振兴儒学，教会孩子懂礼貌。"

中国也正在重提孝道，以提高社会凝聚力。2013年，政府仿效新加坡出台了孝道法规《中华人民共和国老年人权益保障法》，规定："与老年人分开居住的家庭成员，应当经常看望或者问候老年人。"其中一条禁止亲属忽视、冷落老年人。

这部法律是政府倡导孝道精神的举措之一。2012年，官方报纸《人民日报》解释说："不必讳言，封建孝道将千年文明古国桎梏得万马齐喑。尽管如此，不妨打开视野，有容乃大，包括回首孝文化，肃清其附着的污泥浊水，找出其相通之普遍价值，发掘其适应社会主义市场经济发展和和谐社会建设需要的可用功能。"

中国倘若真希望复兴孝，将面临艰巨的任务。中国几十年来的人口政策，削弱了传统家庭模式。1979年，中国人口已近十亿。为了控制人口增长，政府规定多数夫妻只生一个孩子。这一政策减少了新生儿和劳动力人口，在促进了国家经济发展的同时，也加速了人口老龄化。2012年，劳动力人口降低，威胁着未来的发展。2013年，政府决定放松一胎政策，允许部分家庭多生孩子。但是一胎政策已经结出了恶果。一对夫妻必须照顾、抚养四位老人，但很多人力不从心。布鲁金斯学会的王丰表示："一胎政策改变了亲属关系和家庭网络，当然对父母和子女造成了短期和长期影响。由于只有一个孩子，父母在孩子长大之后更不可能让他们陪在身边。他们会有生活无法自理的一天。到时候，他们就需要请保姆，他们的生活将十分孤独。未来我们会发现中国很多老年人都过着这种生活。"

孤独不是问题的全部。2013年针对中国老年人的调查还

167

发现，当时的福利状况同样不容乐观。将近（4200多万）23%的老年人生活在贫困线以下，日均生活费不足1.5美元。当时中国尚未建立规模足够庞大的社会福利制度，存在养老金不足、医疗条件差、费用高等现象。关于赡养老人，当时中国除了宣扬儒家的孝，尚未采取其他措施。王丰表示："在中国，老人有自己积蓄的，可以独立生活，其他老人怎么养老。生活应该更好；老人不仅应该得到尊重，还应该被赡养。儒家学说有很多美妙之处。它阐明了人生的要义，指明了合理的人生轨迹，规定了亲属关系中各代人所担负的义务。但是，由于各种不同因素的影响，这种契约关系被打破了。"

他说得也不完全对。2013年的调查提供了一些有趣的证据，证明儒家的孝仍未完全消失。在中国生活不能自理的老人中，近89%由家人赡养，47%独居的老人能得到子女的经济支持。报告指出："与美国和其他西方国家不同，在中国，资源的流动不是从老人向子女转移，而是从子女向父母转移。"

有些子女利用现代的便利条件，想出了尽孝的办法。养老院作为新鲜事物如雨后春笋般在中国各地兴起。娜娜和母亲在北京一起经营一家养老院。她说，"这样的养老院是为了满足现代中国人繁忙的生活需要而出现的。"娜娜解释道："很多人没时间照顾父母，父母在家感到孤独。在过去，如果你有儿子，按照传统，你老了以后他会对你负责。现在无论你的孩子是男孩还是女孩，他们都必须工作、赚钱。"

养老院有一百五十名住户，有些安于现实。张子钟，现年八十二岁，没有住在自己的单元房，也没住在儿子家，而是住在养老院。他认识到，做工程师的儿子和当记者的儿媳都无暇照顾他。2012 年他的妻子去世后，他不想一个人住在家里。尽管他没按传统和儿子住在一起，但他认为儒家传统并未消亡。他的儿子经常来看望他，甚至愿意付钱让他参加养老院为住户规划的美国游。张子钟说道："他很关心我的幸福。"实际上，他觉得儿子代表了一大趋势：今天中国的年轻人比他们那代人更愿意赡养老人。因为他们那代人曾受过那个时代一些激进作家反儒家言论的熏陶。张子钟说："以前人们心中的儒家思想被砸得粉碎，不尊重父母。"他说，"近年来，年轻人对儒家思想的态度正在发生变化。人们比较重孝。子女更加容让父母，更愿赡养父母。虽然遵循孔子之道没有强制要求，但它在成为现实。"

娜娜本人就是新生代孝顺子女中的一员。在和母亲共同经营养老院前，二十六岁的娜娜曾旅居澳大利亚悉尼，在当地一家免税店当店长，晚上和朋友们打扑克、去 KTV 唱歌。她很喜欢这种生活。但是她的母亲催她回国。2011 年，娜娜的妈妈创办第二家养老院，让娜娜回国帮忙经营家族产业。她的妈妈责怪道："不要这么懒惰。"

尽管她的澳大利亚朋友茫然不解，她还是收拾行李、卖掉崭新的轿车，回到了北京。娜娜说："我很尊敬、崇拜妈妈，

169

所以我想回来。"

通过娜娜对母亲的感情，我们可以发现孝的本质。也许孔子在重新阐释孝时过多地强调了顺从，而他的弟子利用这一问题，将这种美德转变成了帝制时代控制政治和社会的工具。千百年的政府宣传和等级制度未能抓住孔子孝的学说的基本意图：在生活中，家人应该从家庭和社会的利益出发，相互尊重和支持。孔子的目的是希望人们尽到为人父母、为人子女的道德责任。

我们在下文将谈到，如同孔子各方面的思想，全盘抛弃他的学说并不是调和圣人与现代社会关系的唯一出路，出路在于剥离千百年来人们为满足自己的目的所做的阐释，挖掘出学说的核心和超越时代的价值。批评人士也许要问：为什么要费力重新讨论二千五百年前的人的思想呢？也许答案就藏在罗康瑞及其家人聚餐的餐厅中。周日晚上和祖母一起吃晚饭有什么不好呢？和兄弟姐妹、堂兄弟姐妹、表兄弟姐妹等家人一起度假有什么不好呢？人们充满爱心地照料家中女性老人有什么不好吗？

因此，儒家的孝历经全球化、经济变革、政治革命的挑战，仍然植根于东亚人的心中，甚至存在于那些看似最不可能遵守儒家家庭礼仪的人的心中。

王辉峰就是其中一员。王辉峰出生于越南胡志明市。他的父母是来自中国广东省汕头市的移民。三岁时，他和父母一起移民德国。他在德国长大，学说德语，结交德国朋友，被德国同化，但是同化程度仍然有限。他们一家仍然认同中国人的身份，坚持与之相伴的儒家价值观。2011年，王辉峰的父亲回汕头探亲。在电话中，他的父亲告诉他，汕头有一个女孩和他非常般配，建议他给她打个电话。王辉峰和西方的很多人一样起初表示反对。他告诉父亲，他想自由恋爱。但是事情并没有这么简单。这个女孩碰巧是他的父亲的朋友的女儿。这两位热心的父亲约定，两家的孩子见面前不准他们谈恋爱。王辉峰进退维谷，不能拒绝置之不理而让父亲出丑，又一心想拒绝父亲乱点鸳鸯谱的决定。

最后，王辉峰还是坐上了前往汕头的飞机。为了顾全父亲的脸面，他认为不能在电话上回绝这个女孩。他要和她见面，让她看不上他。但是他见到她之后，意外发现父亲的眼光果然没错。两人情投意合，经过短暂的恋爱，于2013年1月喜结连理。王辉峰前往上海，找了一份很合适的工作：企业跨文化培训师。

王辉峰非常爱他的妻子，但同时坦承自己遵从父命是为了迎合父母。他说："我娶她也是因为我知道父母认可这门婚事。中国人认为，结婚不是两个人的事情，而是两家人的事情。你和家是一体的。"但是西方的影响，西方所倡导的独立精神和个人主义都去哪里了？王辉峰意识到，这些根本不是他的价值观。他说："我们都说，父母对自己很重要。对华人

171

而言，这已经成了民族认同。父母呵护我们，我们孝敬他们。即使在现在，我也很难以做出超越这种关系的决定。在人生的每一阶段，你都要清楚你的位置。这就是古老的儒家的孝。过去两千年中，它都在发挥作用。"

孝是儒家的主要思想，但它不是唯一塑造了东亚家庭的思想。除了亲子关系，圣人在其他家庭关系中同样留下了印迹，其影响的性质如今仍然存在争议。其中有的思想影响了西方对东亚现代家庭的看法，使西方质疑自己的价值观和家庭传统。这就是儒家对教育的重视。

第六章

孔子：教师

君子博学而日参省乎己，
则智明而行无过矣。

——荀子

影评人吴东振为女儿智慧付出了很多：他和女儿相隔七千英里。智慧才满十一岁就随母亲离开家乡韩国首尔，前往纽约投奔阿姨。十年过去了，她们还住在纽约。吴东振独自住在首尔的一间小公寓中，每年和妻女团圆的日子不过几周。是什么使这个孩子离开父亲这么多年呢？吴东振认为智慧能在美国接受更好的教育。韩国人为保证子女接受最好的教育，不惜代价。吴东振付出的代价就是把女儿送到世界的另一边，使他无法陪女儿度过少女时代。吴东振节衣缩食，把省下的每一分钱都转给妻子，供智慧上学。吴东振说："我从没认为这是牺牲。我认为父母就该把一切都投入到子女的教育中。这是我们的基因。"

吴东振不是个例。韩国有很多父亲让子女前往国外，尤其是美国，去留学，自己则留在国内。他们得到了一个外号：大雁——形容他们像候鸟一样往返韩国探望远方的家人。这些父亲常常生活孤独，压力巨大。由于要负担妻子和孩子在国外生活的高昂费用，他们只能努力工作，加上长时间和家人分居，他们常常严重抑郁。但是这些父亲认为他们的个人幸福比起子女的教育无足轻重。韩国一家电子公司的高管、大雁李方铢说

175

道："我女儿能得到最好的教育才最重要。这是韩国的文化。"

韩国的大雁只是东亚人重视教育的一个表现，这种重视直接得益于孔子。儒学流传至今，在很多方面饱受攻讦和非议，但唯独孔子重视教育的思想没有遭遇批评。这归功于教育给这一地区带来的积极影响。东亚人有较高的技能水平，吸引了投资，形成了最初推动东亚迅猛发展的动力，促进了财富的积累，为当今国际贸易中至关重要的科技产业准备了劳动力。如今东亚的学生涌入世界顶尖大学，在标准考试中得分一直高于美国学生。

东亚各国政府受儒家思想的影响，将教育作为优先领域，投入大量资金构建完善的教育制度，为国民提供越来越好的机遇。对教育的重视影响到了孩子。在美国，班级里最聪明的孩子常常被人嘲笑为书呆子，在厕所里吸烟的孩子才算酷。在亚洲，名列前茅的人是被羡慕的对象。对不用功的孩子而言，亚洲的妈妈们变成了著名的（抑或臭名昭著的）虎妈：她们用无情的教育手段逼迫子女成为班级里的尖子生。耶鲁大学法律系教授蔡美儿在《我在美国做妈妈》一书中详细阐述了强调分数的子女教育方法，即她所称的中国式子女教育，在国际上引起轰动。蔡美儿写道："中国妈妈相信学业永远第一；考试得 A-就是不及格；数学必须领先同班同学两个学年。"

蔡美儿的方法在世界各地的东亚裔家庭中都很常见。但是她的观点一经发表就引发了争议。有些批评人士被她施加给孩子的压力吓坏了。但是东亚很多孩子，包括蔡美儿的子女，学习十分优秀。这令西方家长艳羡不已，使他们不禁想，如果他们当初也是虎妈，他们的孩子也许会更有竞争力。记者艾莉森·皮尔森评论说："蔡美儿有时会让你不禁自问中国人什么地方做得好，我们什么地方做得不好。蔡美儿教育子女的方法也许苛刻，但是你要问自己：这种方法比放任不管、用电视做保姆等当今司空见惯的所谓的子女教育方法还残酷吗？英国千百万学习差的孩子都需要有个虎妈。"

学习在孔子提出的社会改良、修身养性学说中处于中心地位。人不接受教育就不能称为君子。孔子的弟子在《论语》中说："百工居肆以成其事，君子学以致其道。"知识对想砥砺道德品质的人至关重要。教育可以指导君子明辨是非，权衡利弊。人不学习，在追求儒家的美德时也有可能误入歧途。孔子说："好仁不好学，其蔽也愚；好信不好学，其蔽也贼。"

孟子和荀子在很多问题上分歧严重，但他们却一致认为学习可以提高道德水平、端正品行。荀子写道："今人之性恶，必将待师法然后正。"因此，在孔子及其弟子看来，教育是永无止境的自我完善的过程。你在学校好好学习，最后拿到学位证书，但你对知识的追求并未终结。世上永远有更多知识要学习，永远有完善自我的新方法。荀子写道："君子曰'学不可以已'。故木受绳则直，金就砺则利，君子博学而日参省乎己，则智明而行无过矣。"

177

孔子认为修身具有重要意义，而学习是修身的一方面。我们在这里发现了孔子学说中最具魅力的理念。孔子认为出问题要首先在自己身上找原因。比如你和妻子发生口角、责骂子女或未能说服老板接受你的业务计划书，你不应该责怪别人或因认为世界不公而感到愤怒，而应该自我反省，找出并改正自己的错误，确保不再犯相同的错误。孔子曾说道："见贤思齐焉，见不贤而内自省也。"犯两次相同的错误是最大的错误。他告诫说："过而不改，是谓过矣。"

教育和修身意味着责任。孔子认为，学者有责任依靠知识维护社会利益，帮助没有机会或学习能力不足的人。学习是有道政府的基础。君主要成为有道圣君首先必须格物——通过提问、探索发现真知。《大学》提道："古之欲明明德于天下者，先治其国；欲治其国者，先齐其家；欲齐其家者，先修其身；欲修其身者，先正其心；欲正其心者，先诚其意；欲诚其意者，先致其知，致知在格物。物格而后知至。"

《中庸》也有类似的阐释，明确说明教育是统治者成为圣明君主的秘诀。文中写道："知斯三者，则知所以修身；知所以修身，则知所以治人；知所以治人，则知所以治天下国家矣。"因此，教育和修身是社会安定和谐的基础。《大学》提道："自天子以至于庶人，壹是皆以修身为本。"

尽管教育与政治存在相关性，孔子依然认为教育是个人问题。从一定程度上，我们甚至可以说，对孔子而言，求学相当于佛教的觉悟。佛祖在菩提树下冥思，发现人生真谛；孔子研究历史、诗歌和哲学，探索涅槃。他曾说道："吾尝终日不食，终夜不寝，以思，无益，不如学也。"无论幸运与否，人生的终极目标都不应是地位和财富，而是成为君子。他说："君子求诸己，小人求诸人。"

孔子的学习观可以帮助我们理解他有关人的观点。他坚信，人通过学习知识可以变得完美。通过不断学习，任何人都可以克服自己的缺点与不足，成为君子，乃至圣人。孔子说："三年学，不至于谷，不易得也。"

孔子亲自为东亚制定了好学的标准。他对自己毕生追求知识感到无比自豪，并认为自己的执着的求知欲是最值得钦佩的品质。他在《论语》中说："十室之邑，必有忠信如丘者焉，不如丘之好学也。"据历史学家司马迁记载，孔子由于经常阅读《周易》，把编书简的绳子弄断了三次。孔子认为，学习、读书以及与弟子辩论是快乐的源泉。他曾说过："默而识之，学而不厌，诲人不倦，何有于我哉？"

孔子的学识超过了与他同时代的很多人。在古代，书籍稀有珍贵，即使长于记载的中国也不例外。孔子比别人能更方便地读到史书和诗集。当时的人必须耕地、养家，安坐读书是种奢望。孔子知识渊博，远近闻名。据古代史书记载，不管人们向他咨询什么晦涩的问题，他都能一一回答。有一次，一只隼掉在了陈国的宫廷中，身上插着一支箭。陈国国君请教孔子箭

179

支来源。他回答："隼来远矣，此肃慎之矢也。"肃慎是中国北方的游牧民族。孔子怎么知道这种晦涩的知识呢？他解释说，肃慎曾经向中国古代的国王进贡过这种以荆棘做箭身、以石头做箭头的箭支。陈国国君查看兵器库，果然发现了这种箭。陈国多年以前曾接受过这些礼物。

不过，孔子的知识大都更为实用。孔子熟知历史、宫廷典礼和中国古代文化，备受尊敬。孔子依靠这些知识，成为了广受欢迎的教育家。他一生长期担任教师。20世纪的儒家思想家冯友兰表示，孔子也许是中国历史上第一位全职老师。据他推测，圣人是儒的原型，而儒这一阶层将在中国历史上发挥至关重要的作用。冯友兰写道："孔子是中国第一个使学术民众化的、以教育为职业的'教授老儒'，他创立，至少发扬光大中国之非农非工非商非官僚之士之阶级。"

冯友兰的说法也许有些夸大，但是不可否认，孔子确实重视教育并因此影响了中国的社会构成。他的弟子在整个帝制时代以他为榜样倡导教育，发挥文人在政府和社会中的作用。从汉朝开始，社会按照职业划分为四个阶层的儒家思想开始流行。这四个阶层根据相应人群的道德和对社会的贡献划分等级。居于首位的当然是士。他们学识渊博，担负指导其他人的责任。其次按照等级高低分别是农、工、商。文人享有的声望有助于解释为什么东亚过去和现在都热衷教育。在东亚，提高社会地位、出人头地、光耀门楣的最佳途径就是获得著名大学的博士学位。

最重要的是，儒家认为无论出身，人人都应享受教育以及相应的机遇。孔子是普及教育的先锋。在他的时代，在中国，学问是有钱人的特权。他们有财力供子孙上学，不用让他们在农田或作坊中工作。孔子欢迎所有人听他讲课，无论阶级和收入水平。他说："自行束脩以上，吾未尝无诲焉。"更为重要的是，通过为低级阶层提供教育，孔子打开了社会流动渠道。冯友兰认为，他对教育的影响，"实一大解放也"。儒家宣称，社会应该是贤能社会，应该将知识和能力作为成功的标准，不应该像古代中国或其他国家一样看重门第、社会地位、财富或政治人脉。

在普及教育的同时，孔子同样塑造了中国的治理模式。他强调公共政策应该由受过最好教育的人来制定，从而导致了掌握着统治技能和道德评判标准的士大夫、文人的崛起。儒家的这种思想以中国著名的科举考试制度的形式确立了下来。在中国帝制时代的大部分历史时期，尤其从 10 世纪宋朝初期开始，人们必须在一系列激烈的考试中证明学习合格，才能做官。这一制度对中国历史的影响难以估量。儒家教育决定了谁能进入中国的精英统治阶层。科举考试也提高了孔子在东亚的地位。在科举考试的历史上，儒家典籍是考试的基础，所有有志仕途的人都必须研读孔子学说。科举考试变成了儒学在中国社会传播的工具。

181

因此帝制下的所有官僚都学习过儒学。在这种情况下，尽管并不是所有官员都是儒家君子，但儒家的知识和学问确实成为了政府的基本意识形态。孔子和仕途的关系使儒学成为了职业发展的敲门砖。孔子信仰为学习而学习，但是在帝制的中国，儒学典籍却相当于物质财富和社会地位。在全国各地，每家每户让子孙学习儒学，希望他们走上仕途，为家里带来财富和声望。明朝（1368—1644年）时期的一本家谱记载着这样的家训："如果想要给家族带来荣耀，唯一的办法是必须遵循儒学。"

通过科举考试，价值胜于社会地位的儒家理念在社会上具有了真正的影响力。科举考试对应试人员的身份几乎没有限制（只有一个例外：女人禁止参加），评分不考虑社会地位和关系。因此中国所有男人，无论来自哪个村庄、哪个家族，都可以通过教育得到高官厚禄。最聪明的人会有改变家族命运的机会。尽管如此，科举考试并非像支持者所说的那么公平——贫苦农民由于经济条件不足，他们的孩子无法每天学习典籍。不过中国的科举考试制度确实提供了一条通往财富与地位的道路，而世界其他国家的赤贫者直到现代才有这种机会。因此中国社会所具有的流动性在封建制的欧洲基本不存在。

中国有很多关于贫穷的孩子发挥聪明才智、考取功名的民间传说。有个传说讲了唐朝（618—907年）两个年轻人卢肇和同乡黄颇的故事。他们准备参加科举考试，一起赴京赶考。但是二人的背景迥然不同，黄颇家境富有，卢肇家境贫穷，结果当地名流只关注黄颇。故事讲道："郡牧于离亭饯颇而已。时乐作酒酣，肇策蹇邮亭侧而过。"他骑马走到外城等黄颇。故事接着讲到了第二年，在科举考试中高中状元的人不是曾受招待的黄颇，而是卢肇。这时当地官员才开始重视他。但是卢肇没有忘记他们很势利，不禁想稍微报复一下。故事接着讲道："会延肇看竞渡，于席上赋诗。"

> 向道是龙刚不信，
>
> 果然夺得锦标归。

科举考试竞争激烈。清朝（1644—1911年）时，三千人中只有一人能够通过考试得到功名。这些勇敢的士子为了通过考试，年轻时会耗费大量时间准备考试。日本历史学家宫崎市定笑称："士子出生前就会开始准备考试。"准妈妈闲暇之余会读诗和典籍，希望能培养出聪明的胎儿。如果生下的是男孩，家人有时会撒刻着状元及第的花钱，让仆人捡去当礼物。男孩三岁在家接受教育，七岁正式上学，开始八年的学习生涯。

在大部分时间中，他们一字一句地背诵五经和《论语》《孟子》。宫崎市定表示，中国儿童需要背诵431286个汉字，才能掌握这些典籍。不用说，劝说少年将几乎所有时间都用在学习上，难度不亚于学习本身。老师、父母和作家运用各种方

183

法告诫孩子们用功读书。宋朝有皇帝做了一首诗，表示学习最刻苦的人将得到财富和美人。

富家不用买良田，书中自有千钟粟；
……娶妻莫恨无良媒，书中自有颜如玉；
男儿若遂平生志，六经勤向窗前读。

对东亚很多人而言，教育是连接他们与孔子的主要纽带。孔子被认为是中国的至圣先师，曾在两千年的时间里被认为文曲星下凡。时至今日，很多学生还求他保佑。尽管古老的科举制度已不复存在，但是如今东亚的学生仍然需要参加至关重要的高考，考试的分数决定着他们以后上什么大学。和帝制时代的考试一样，高考不但毫不轻松，还要求高强度的学习。所以如同汉朝以来的应试者一样，一些学生向孔子寻求帮助。北京6月一个阳光明媚的下午，高中生王建和赵维抱着这种目的前往孔庙。在建于15世纪的大殿里，赵维跪在孔子的牌位前，王建站在她旁边。二人虔诚地默默祈祷。距离考试只有一个礼拜了，他们两个十八岁的学生愿意牺牲点学习时间，祈求圣人在学业上助他们一臂之力。王建说道："我来求孔子帮我考上名牌大学。"赵维说道："他是伟大的老师，文学成就卓著。他像神一样，一定能帮我们。"除了这两名青年，还有大批学生、父母和祖父母向孔子磕头，祈祷孔子显灵。十八岁的刘安迪同

184

样向圣人祈祷："请保佑我考上好大学。"他的妈妈林燕认为："心诚则灵。"

刘安迪和其他孩子确实需要祈祷和神的保佑。东亚各国的考试制度脱胎于过去的儒家科举制度，继承了相应的缺点。虽然如今东亚的年轻人不必苦读典籍，但是他们的一生仍取决于一系列的考试。得分高，你就能上一流大学，得到政府和待遇好的大公司的工作机会。得分低，你会被边缘化，在看重学历的社会中失去竞争力。现代考试的竞争激烈程度不亚于古代的科举考试。例如，韩国只有四所大学被认为是顶尖大学，只有它们的毕业生才能找到待遇优厚的工作。韩国每年约有七十万考生参加高考，但是只有一万人能被这四所大学录取。这一1.4%的录取比例与帝制时代中国的科举考试的通过比例相差无几，低得简直让人绝望。

结果，学习的压力将东亚变成了"高压锅"，将东亚的孩子变成了承受着巨大压力的考试机器。孩子们在少年时代埋头读书，从事体育和社交活动的时间少得可怜。放学之后，所有希望通过考试的孩子都会接着上昂贵的补习班。一般韩国高中生每天要上十五六小时的课。十一年级的金永勋说："我每天早晨6点起床，收拾完毕，8点去上学，下午5点放学，然后如果上补习班，就要从晚上6点学习到晚上10点钟。之后我还要接着学习、做作业。"他每个月只和朋友出去玩两三次。不过他这么努力仍然担心自己无法考进韩国最好的学校。金永

185

勋抱怨说："我只排前一二十名，有些大学我上不了。我不知道学习更差的学生怎么活的。学习不为别的，只为在高考中取得好成绩。"

金永勋认为，现在的教育制度已经深深植根于韩国文化之中，无法改变。金永勋说："社会就是这样。制度就是这样。我们不可能起来反抗说我们不学了。我觉得无计可施。"金永勋承认已经无法忍受压力，并曾考虑过放弃。他说："人和人不一样，我觉得我承受的压力比朋友大。有人确实学习好，能得奖，能永远名列前茅。我赶不上他们。所以我觉得难受。但是父母给了我很大的压力，他们总想让我提高成绩，拿我和学习最好的学生比。名列前茅的学生是他们参考的标准，所以我永远比不上。我很伤心。这时候，我就想，我不学了，还不如死了。"

父母承受着同样的压力。正如帝制时代中国母亲们的评判标准是儿子们的应试能力一样，如今东亚家庭也常常攀比子女所上的大学。金永勋的妈妈全容银表示，在韩国南部她的家乡，邻居、朋友相互询问子女的成绩，疯狂攀比。她说："邻里街坊的妈妈们谈论给孩子找最好的英语老师，上最好的补习班，以及你给孩子的一切。考试时，所有咖啡馆和饭店都空无一人。所有人都回家看着孩子学习。"

尽管投入了资金、努力和汗水，如今东亚的教育方式面临的批评不亚于约一千年前宋朝王安石对科举考试制度的批评。王安石抱怨："教之以课试之文章，非博诵强学穷日之力则不

186

能。及其能工也，大则不足以用天下国家。"批评人士指责应试教育注重以做题为目的的死记硬背，无法培养具有创造力的思想家和当今经济社会所需要的主动进取精神。中国台湾积体电路制造股份有限公司创始人张忠谋抱怨说，他无法激发芯片工人的创新精神。他指责教育制度未能培养出独立思考和有创造力的人才。学校也没有根据学生的专长培养出专家。

作家、顾问金恩实曾写过很多关于韩国教育制度的书。他说有必要改变孔子的重文思想。尽管这种思想推动了亚洲对知识的探索，但是它贬低了其他职业，使人们难以通过其他渠道获得成功。她说：

> 有人不适合求学。有人有别的天赋，比如能做发型师、篮球运动员和艺术家。对他们来说，求学没什么好处。韩国学校教学死板，不能因材施教。他们只想让孩子学习，只通过考试获得成功。要解决问题就要取消士农工商的高低贵贱之分。要允许人们高中毕业去当面包师。但是韩国不是这样。你会被当作失败者。要改变制度必须先改变人们的看法。

讽刺的是，在这一点上，当今东亚的教育家可以向孔子学习。圣人认为，并非所有人都可以通过繁重的学习成为君子。他在教学中从未推行过刻板的学习方法。孔子不但不鼓励死记

187

硬背，还通过活泼的辩论和激烈的讨论开展教学活动。虽然他的学生因为他是老师而尊重他，但是他们可以毫无顾忌地质疑他并陈述自己的观点。实际上，孔子不赞成弟子盲目相信他的说法。他在《论语》中说道："不愤不启，不悱不发，举一隅不以三隅反，则不复也。"

悲哀的是，东亚很多人把孔子的这种治学方法忘得一干二净。所以吴东振和其他父亲宁愿自我牺牲，也不愿孩子在亚洲上学。韩国的大雁爸爸们反映了儒家对东亚教育的积极影响——追求良好的教育，也反映了孔子的消极影响。吴东振根本不想让自己的女儿承受韩国应试教育体制造成的痛苦。他抱怨："韩国的教育是精英教育。只有上学一条路。你必须上学。你不会有个性。这种制度让人平庸，失去特色。要怎么样他才会接回家人呢？"他说，需要改革的不仅有教育，还有教育的文化基础。他说："韩国必须进行彻底改革。"

尽管孔子对东亚的教育制度仍然发挥着重要影响，但是他与学校教学内容的联系并不多。从帝制时代结束以来，东亚学校教授的课程已经发生翻天覆地的变化。在帝制时代，教育完全以儒家典籍为中心，很少涉及实学和其他学科。如今学生要钻研语文、数学和科学，极少涉猎儒学。学生们学《论语》也只学点皮毛。这并不奇怪，美国普通高中生读多少亚里士多德和柏拉图的著作呢？尽管如此，二者仍有区别，学习儒学会引起争议。如果美国将古希腊史诗《伊里亚特》定为必读书目，公众不会有怨言，至少不怀疑它的哲学基础是否合理。在东亚，学生、老师和家长对孔子非常冷淡。

2011年，中国台湾地区教育部门将四书定为高中的必修课程，结果遇冷。教育部门官员认为，加强儒家伦理道德教育有助于青少年应对现代生活压力，恢复儒学教育可以提高年轻人的历史文化知识水平。教育部门负责人陈益兴解释说：

> 我们希望复兴中华文化成为我们的政策的重要组成部分。在教育部门看来，传承孔子思想具有重要意义。我们认为，学生学习四书和儒学理论，奠定德育基础，是合理而重要的。年轻一代已经失去文化根基。我们的下一代不认同自己的中华文化，更谈不上践行中华文化，我们因此忧心忡忡。我们经历了这么多政治变动，我们担心年轻人和我们的文化已经发生了脱节。

批评接踵而至。学生抱怨，负担已经很重，为什么还要给他们增加负担？其他批评人士则怀疑背后的政治动机。他们指责执政者企图效仿中国历史上的皇帝，利用儒学教化年轻人以巩固统治。甚至一些儒学支持者都质疑这一决定，他们担心强迫孩子学习四书会事倍功半。美国马萨诸塞州威廉斯学院政治学家萨姆·克兰认为："强迫年轻人阅读不能使他们真正理解这些书。儒家保守派这样做只会把他们吓跑。学生以后会想，

189

在他们叛逆的少年时代，他们被迫阅读这些枯燥晦涩的典籍。这种记忆并不美好。"

不过，反对人士主要还是认为，孔子学说与现代社会的习俗和理念存在冲突，不适合今天的年轻人学习。孔子脱离时代，甚至具有危害性。高中计算机科学老师黎彼得在反对教育部门决议的活动中表现活跃。他表示："我认为现代社会用不到四书。它的一些思想已经过时了。即使社会不好，也不必借古代哲学恢复秩序。"

陈益兴反驳说，孔子学说的基本思想在现代仍然具有重要意义。他说："儒学是关于仁的思想。它告诉我们人与人如何相处。儒学的核心是承担责任和同情他人。他教人修身养性提高自我。他的思想仍然存在于我们中间。"尽管如此，陈益兴回应批评者说，儒学教育不同于过去，学校向学生普及的是与时俱进、适应现代人权和社会规范的儒学。陈益兴坦承："儒学有些思想确实不适合现代社会。"为了解决这一问题，教育部门特别制定了教学大纲和教师培训计划，剔除孔子思想中不合时宜的部分。陈益兴表示："孔子有些言论并不适合现代社会，我们会加以解决。我们会想办法修正。"

儒学教育的支持者和反对者一致认为，圣人的一种思想亟须修正，即对妇女的态度。陈益兴评价，这种态度充满歧视。孔子遭受过很多抨击，但指责他是无可救药的大男子主义者的批评对他最有杀伤力、最能直接命中他的弱点。

190

第七章

孔子：『大男子主义者』

唯女子与小人为难养也，
近之则不逊，远之则怨。

——孔子

1996 年，裴朱迪入职韩国乐金电子有限公司。她发现自己是异类，原因不是她的学历比同事高、工资比同事多，也不是她有专长，而是她是女人。当时，这家电视和电器生产商一共有三万名员工，但像她一样有大学学历、有事业心的女员工只有不到一百名。她所在的营销部只有她是女人。尽管办公室还有其他女员工，但是她们主要是行政人员，像空姐一样穿着优雅的制服。她们的工作只限于端茶、复印，她们结婚之后就会辞职。裴朱迪是男同事们以前很少见到的女性——她是职业女性，工作不是端茶倒水，而是以平等姿态工作、竞争，这让男同事们不知道怎么跟她交往。裴朱迪说："他们还没准备好接受女同事。"

　　起初裴朱迪努力融入团队。她的同事常常盛气凌人地对她说话，好像她的性别让她无法理解自己的工作职责一样。她回忆说：他们不知道怎么和我沟通。他们用怀疑的眼光看着我，似乎在说："她明不明白我在说什么？"他们对我像对小孩一样。她意识到，成功的唯一方法是像男人一样工作——拼命加班、下班应酬以及为公司牺牲自己的利益。裴朱迪说："作为女人，我要证明我不比男人差。他们做什么我就做什么。我必

193

须证明我没什么两样，你能做的我也能做。"她一心扑在工作上，努力超越男同事，证明她的价值。她说："我的外号叫百分之二百。"

尽管如此，裴朱迪还是不能真正成为男同事中的一员。韩国公司认为聚餐、喝酒是团队建设的必要组成部分。同事欢迎裴朱迪参加这种活动，但也只点到为止。她的男同事常常光顾色情酒吧，让小姐陪酒。裴朱迪去不了。她的策略非但没让她融入办公室，还让她更加另类。裴朱迪的同事开始叫她金小姐。韩国人用这个词称呼一心工作、耽误爱情的未婚职业女性。她说："人们看着我，说裴朱迪是工作狂，所以不结婚。我讨厌人们这么说。"同时，公司中很多与她同龄的职业女性相继辞职相夫教子，让她更加形单影只。裴朱迪说："她们一个接一个地辞职了。她们说'我再也干不下去了，我的机会越来越少，就因为我是女人，所以我无法升职。'她们遇到了玻璃天花板。我能工作多长时间？我问自己。"

裴朱迪坚持了下来。值得赞扬的是，她的经理支持她的工作，定期提拔她，频率略超过了她的很多同事。尽管如此，最后她还是认识到，她再也没有发展前途了。在她的部门中，裴朱迪升任较高的职务后，不得不直接面对韩国依旧以男性为主导的商界。她说："我也遇到玻璃天花板。要升到管理职位，我得跟二三十个男经理竞争。他们会选我吗？下一级职位会涉及很多应酬，男性是主导。高管得管理整个团队，女人根本做

194

不了。我再也干不下去了。"2010年，她离开乐金，进入美国埃森哲咨询公司。她认为，在埃森哲，她的发展前景比在韩国公司好。

裴朱迪的经历也是东亚各国职业女性的日常经历。日本和韩国大公司的办公室中几乎没有女性的身影。在经济合作与发展组织中，韩国职场的男女比例差距高于其他国家，日本位居第二。大多数职业女性担任的是秘书或其他低级职位，在企业中几乎没有升职的机会。在很多情况下，人们仍然认为，女性结婚以后，尤其是有孩子以后应当辞去工作。结果管理层实际上成了男人的世界。国际货币基金组织2012年的调查发现，韩国和日本只有9%的管理职位由女性担任，而美国的比例是43%。

对东亚很多灰心丧气的女性而言，孔子掌握着升职的钥匙，但他不会为她们打开大门。两千多年以来，儒学一直宣扬妇女持家，男人经商、从政的观念。这种观念如今仍然存在。很多妇女认为，只要不消除孔子的影响，她们在职场永远得不到公正待遇。裴朱迪说："儒学是妇女走出家门、追求职业发展的主要障碍。人们公认儒学无益于韩国，而我认为应该摒弃这种陈旧的观念。"

裴朱迪说，男性主导公司办公室并不是问题的全部。千百年来，儒家对两性角色的固化已经深入人心，职业女性甚至会遇到来自家庭的阻力。儒家坚信夫唱妇随的思想，因此东亚很

195

多男性反对妻子有追求事业的野心。裴朱迪抱怨："韩国有个成语，牝鸡司晨。这就是儒学的家庭观。比方说，妻子比丈夫能挣钱，丈夫就会抓狂，因为他觉得自己不如妻子。妻子没有顺从丈夫。儒学应该从这里开始改变。"

儒家这种思想导致东亚很多妇女认为家庭和事业不可兼得。裴菲奥娜在韩国首尔创立了一家公关公司。她决定一心管理公司，不结婚、不要孩子。裴菲奥娜解释说："儒家思想不允许女性做男人的工作，只允许女性做贤妻良母。儒家的影响依旧很强。我很看重事业，事业对我最重要，要孩子太难了。我觉得很难兼顾工作和孩子。一家人希望妈妈照顾孩子，对爸爸用多少时间照看孩子的期望明显不一样。即使在周末，愿意帮忙的男人也是凤毛麟角。"

这两个职业女性对孔子的指责与其他妇女在过去一个世纪对圣人的尖酸谩骂相比还算友好。法国当代女性主义哲学家朱丽娅·克里斯蒂娃谴责孔子吞噬女人；中国一位女性活动家将他的学说称为谋杀的学问。无论性别，在很多作家眼中，儒学的历史就是东亚帝制时代不断强化对女性的压迫的代名词。孔子对性别平等和妇女权利的态度对他在现代的声誉造成了最为严重的损害。无论在亚洲还是在世界其他地方，很多妇女都认为他是无可救药的歧视妇女的父权主义者，是阻碍妇女争取公正地位的老古董。用哲学教授罗莎莉的话说，"儒学不啻中国妇女史上性别压迫的根源。"

千百年来，东亚各国妇女遭受了有计划的不公正待遇，儒学必须承担部分责任。在帝制时代以孔子学说为基础的社会中，妇女沦落成了家仆，经常被当作不动产买卖。她们被禁锢在厨房和卧室之中，不能参与公共生活，无力反抗父亲和丈夫的命令。野蛮的裹脚习俗为满足男性的欲望，导致很多妇女无法行走。女婴诞生，家人不会欣喜，只会感到痛苦与耻辱。只有男性继承人才能继承财产、传宗接代，而妇女则被当作经济负担，要养活的另外一张嘴和伸手要嫁妆的人。女孩嫁人后会在夫家度过，对娘家几乎毫无经济贡献。结果，很多女婴刚生下来就被杀死了。杀害女婴是在东亚历史上持续千百年并延续至今的污点。而超声设备在鉴定胎儿性别方面的应用助长了这种行为。清洗女婴不用先等十月怀胎，很多夫妇不愿把唯一的生子机会用在生女儿上，导致了男婴数量增加，使性别比例严重失衡。这种现象可能会导致严重的社会问题。

受孔子影响，妇女在东亚社会中处于弱势地位。这是儒学导致的最血腥、最邪恶的后果。儒家残酷歧视东亚妇女的传统，与其他方面相比，更挑战着圣人在现代社会中的意义。在过去一个世纪，随着性别平等观念在东亚的传播，孔子关于妇女社会地位的思想和孝的思想一样似乎都过时、落伍了。相比其他问题，妇女权利问题更能说明孔子与全球化的对峙如何挑战着他在东亚不可动摇的地位。孔子倘若希望维持在东亚的影响力，就必须想方设法调和自身与妇女的关系。

197

孔子真的是彻底的歧视妇女的人吗？这个问题可能没你想得那么简单。孔子没有详细阐述过妇女观。实际上，作为孔子学说最可信来源的《论语》只记载了他关于妇女的只言片语。他的沉默也许说明，在他的思想中，他并未像如今很多人认为的那样区别对待男人和女人。所有人，无论其染色体怎么组合，都要遵守相同的礼仪规范、追求仁以及恪守孔子版的金规则（己所不欲，勿施于人）。可以说，妇女根本不是他的关注点。孔子的生平故事中很少出现女性人物。尽管他推动了教育的普及，但他并未收女性为弟子。他拜访过的王公大臣无一例外都是男性。尽管千百年来出现了无数有关孔子的著作，但无一提及他的女儿的名字。孔子的世界是男性的世界。

孔子为数不多的关于妇女的言论——至少有记载流传至今的言论——并不是溢美之词。在这一臭名昭著的论述中，圣人立场鲜明地表示妇女低人一等，并应该得到相应待遇。孔子在《论语》中说道："唯女子与小人为难养也，近之则不逊，远之则怨。这句话让孔子惹火烧身。"孔子把妇女和小人放在一起足以刺激现代社会的敏感神经。而孔子又说亲近妇女只会纵容她们越轨，则使侮辱演变成了伤害。

《论语》中的另外一个故事表明，孔子认为妇女不配参与重要的社会事务。孔子周游列国时遇到的一位君主武王夸耀说，他有十名有才能的大臣，甚至超过了古代明君的贤臣数量。但是孔子却说："有妇人焉，九人而已。"在孔子构想的社会中，只有男性能参与政治。

孔子传记中的女性常常被描写成迷惑男性、使男性误入歧途的妖妇。前文提到，正是由于鲁国国君沉湎女色，耽误朝政，孔子才辞去官职。《论语》提到的最显贵的女子是控制欲强而又荒淫的南子。她腐化了卫国君主。孔子似乎认为沉湎女色不是君子之行。他在《论语》中叹道："吾未见好德如好色者也。"他告诫年轻人要成为真正的君子，戒之在色。他担心，女人会像诱惑海妖一样将男人引向灭亡。当然，对女人妖魔化的并非只有儒学。在《圣经》中，同样是夏娃劝说亚当偷吃伊甸园中教人分辨善恶的智慧树的禁果。

尽管如此，中国针对妇女的歧视并非起源于孔子。孔子在一些问题上的观点领先于他所处的时代，例如任贤举能的思想。但是，他对女性问题的认识没有超出时代局限。他的妇女观是他所处时代的普遍观点。远在孔子登上历史舞台之前，中国已进入了父权社会。中国的世代精英只祭祀父系先祖。家系沿着父、子、孙传承，妇女只是为夫家生育传宗接代的儿子的子宫。圣人的目的是以传统社会规范巩固作为和谐社会基础的家庭，而不是捍卫革命思想或推翻社会秩序。

同样需要注意的是，圣人在《论语》中从未明确论述过两性关系观或夫妻关系观。这些观点在后世的文献中才出现，虽然这些文献声称编撰者是孔子，但一般认为这种说法不可信。并且这些文献引用的他的言论也可以做多种解释。"何

199

谓仁义？"孔子在《礼记》中问道。"父慈、子孝、兄良、弟悌、夫义、妇听、长惠、幼顺、君仁、臣忠。"我们可以注意听字——孔子将女性视为男性的从属。但是我们也要注意上下文的语境。尽管孔子理想中的关系并非完全平等，但是也并非欺凌或不公平关系。如同父子关系，夫妻关系同样应该相辅相成。尽管孔子在这段话中说妇女应该听，她们的丈夫也要做到义。双方的责任是双向的。

再者，儒家认为他们赋予妇女的地位和义务具有十分重要的意义。孟子强调夫妻承担着不同但却同样重要的角色，提出了后世称为五伦的观点。他严肃地说："人伦——父子有亲，君臣有义，夫妇有别，长幼有序，朋友有信。"孟子这句话的目的不是建立存在压迫的等级社会，而是表达他对社会劳动分工的看法。这句话是他对提问者关于有道之君应该亲自种田谋食的观点的回应。孟子认为他的观点很荒谬。他回答说，社会中每个人做所有工作会造成浪费、效率低下。人们应该根据自己的能力和地位承担相应社会功能。君主应该管理政府，而非耕田；耕田的任务应该留给掌握着专门农业技能的农民。夫妻同样如此。每个人在世界上都有独特的责任。这就是为什么夫妇间的正确关系要有别。

这种有别的功能决定了两性对社会的不同贡献。在孔子的世界中，男人和女人的责任分属不同领域。男人负责公共事务、国家管理和商业；女人负责持家、生育和抚养子女。《礼记》

告诉我们:"男不言内,女不言外。"另外一部典籍《诗》更加直白,宣称:"妇无公事、休其蚕织。"

在现代人看来,这些论述是要禁锢妇女、使妇女成为生育工具。从某种程度上讲确实如此。照顾子女、洗衣做饭、缝缝补补、照顾老人以及富裕之家管理仆人都需要人手。孔子的正名、孝、和谐社会依赖人们放弃个人选择、履行自己的责任,孔子对妇女也有类似的要求。但是在她们自己的领域中,妇女拥有很大的权威。正如上文提到的,《礼记》明确规定男人不言家中事务——他的妻子是主宰。(为此,20 世纪改革家胡适评论道:"在中国,妇女在家中从来都是绝对君主。中国作为妻管严国家,世界各国无法望其项背。")良治之家离不开尽责的妻子、母亲。从这个角度看,贤妻对世界稳定繁荣的重要性不亚于孝、明君和忠臣。

然而儒家后来只宣扬他们想要的孔子学说,将妇女置于二等地位。儒家学者经常强调女人要服从男人,在婚姻、家庭和世界上接受这种地位。甚至连善良的孟子都随声附和。孟子说道:"女子之嫁也,母命之,往送之门,戒之曰:'往之女家,必敬必戒,无违夫子!'"以顺为正者,妾妇之道也。

实际上妇女被禁锢在了辅助的地位上。她们的责任是帮助男子在更广阔的世界中施展抱负,而她们则被禁止寻找这种机遇。男人可以成为大臣、学者和官员;而女人除了个别人都不能从事这些职业。非但如此,她们还要料理家务,不让男人操

201

心这些小事。男人通过修身也可以成为君子；而女人则不能实现儒家的这一终极目标。妇女没有任何自主权，甚至无法决定自己的身份。妇女永远是某人的女儿、妻子或母亲；甚至一些大师也遵从这一习俗。《礼记》规定："出乎大门而先，男帅女，女从男，夫妇之义由此始也。妇人，从人者也；幼从父兄，嫁从夫，夫死从子。"

日复一日，儒家不断弱化孔子理想关系中的相辅相成的因素，强调等级。在汉代，孟子的五伦精简成了三纲——君为臣纲，父为子纲，夫为妻纲。这一新概念除了精简，实质上曲解了孟子原本的意图。董仲舒首先提出了三纲的概念，他强调两两关系的主要与次要方面。学者陈荣捷在中国哲学文集中解释说："尽管儒家的五伦建立在共同的道德责任之上，但是同时君、父、夫高于臣、子、妇的思想在儒家学说中根深蒂固。"董仲舒强化了这种区别，"纲"不仅意味着关系，还代表了准则。

到东汉（25—220年）时期，三纲已经在儒家思想中牢牢确立下来。在构建稳定社会的人际关系网中，三纲如同庞大网络的节点，处于核心地位。公元1世纪记录汉朝朝廷言论的《白虎通》记载了这一体系。《白虎通》明确指出，三纲张理上下，整齐人道也。人皆怀五常之性，有亲爱之心，是以纲纪为化，若罗网之有纪纲而万目张也。《白虎通》也规定了婚姻关系中的主要义务："夫妇者，何谓也？夫者，扶也，以道扶接也；妇者，服也，以礼屈服也。"

董仲舒将中国的阴阳理论融入儒学，使三纲的不平等关系具有了普遍性。阴阳是两种互补的力量，二者相互作用导致世界发生变化，比如，四季更替和生死规律。阳较为强大、活跃、积极，代表着光明和阳刚。阴较为弱小、消极、被动，代表着黑暗和柔顺。董仲舒指出了这两种力量在人类中的表现：阳是男性，主导力量；阴是女性，从属力量。阴阳同等重要，没有阴阳，世界无法运行。但是，董仲舒通过将阴阳理论和儒家人际关系结合在一起，将男性的优越性和女性的从属性变成了二者的天然区别，如同春秋、光影一样。

三纲在中国思想和社会中占据了重要地位，成为了中国认定开化文明国家的依据。中国人认为，这几对等级关系是他们和周边蛮夷的区别。三纲也是控制社会的工具。儒家思想家将对父亲的孝转化为对国家的忠诚，将家庭关系应用到政治之中，目的是建设稳定的国家。他们强调婚姻关系的支配和从属性质，也同样是为了宣扬安定社会的思想。然而三纲固有的不平等性成为了人们指责儒家歧视女性、不公正的主要原因。20世纪一位重要的儒家学者杜维明评论道："从现代平等自由角度来看，儒家道德最难站住脚的就是所谓的三纲。三纲被描写成三种形式的束缚，儒家道德被指责为专制、独裁、男权、家长制和大男子主义。"

杜维明将三纲的产生归咎于儒家在帝制政权内部获得的政

203

治影响力。儒家在庙堂之上占有一席之地以后，感到有必要从政府利益出发制定政策并巩固自己的地位。三纲的产生代表了儒家内部在其支持者完成从学堂到庙堂的转变后产生的持续冲突：学说的理想基础与管理国家、保持对帝王的影响力的政治特权之间的紧张关系。杜维明表示，冲突导致儒学遭到篡改和孔子被扭曲。杜维明写道："'儒家'一词在这里具有了新的内涵。它不再指孔子及其弟子的学说。……而是指汉朝朝廷的著名学者，儒家阐明了三纲的逻辑，创造新的政治意识形态。……他们受帝王之邀就国家面临的重要世界观和伦理问题上达成国家共识。"

儒家立刻着手向妇女灌输她们在社会中应扮演什么角色的思想。实际上，从诞生之时，女子就开始被洗脑。汉朝学者班昭所著的《女诫》是儒家关于女性操守的最有影响力的文章。她在文中解释道："生女三日，卧之床下，弄之瓦砖，而斋告焉。卧之床下，明其卑弱，主下人也。弄之瓦砖，明其习劳，主执勤也。"男孩被送去学习典籍，女孩从小在家中学习家务。《女论语》是另外一部重要的纲领性著作，由唐朝学者、女学士宋若莘、宋若昭姐妹创作。书中指出："女处闺门，少令出户。扫地烧香，纫麻缉苎。若在人前，教他礼数。莫纵游行，恐他恶事。"通过这种培训，女孩准备辛勤劳作，操劳一生。班昭教诲道："晚寝早作，勿惮夙夜，执务私事，不辞剧易，所作必成，手迹整理。"

儒家礼仪文章极为烦琐地说明了妇女每天要承担的责任和遵守的规矩。《女论语》使用大篇篇幅详细解释妇道，规定妇女做家务的规矩。文章写道："凡为女子，须学女工。纫麻缉苎，粗细不同。车机纺织，切勿匆匆。……刺鞋作袜，引线绣绒。缝联补缀。"妻子应该天一亮就起床，操持家务。文章规定："拣柴烧火，早下厨房。摩锅洗镬，煮水煎汤。随家丰俭，蒸煮食尝。安排蔬菜，炮豉舂姜。随时下料，甜淡馨香。整齐碗碟，铺设分张。三餐饱食，朝暮相当。"

男女不仅分工不同，彼此之间还要保持距离。古代礼仪文章有两性隔离规定，其烦琐程度令人惊讶。沉闷的儒家道德规定，两性无论在家中还是在公共场合都不应来往。《礼记》规定："男女不杂坐，不同椸枷，不同巾栉，不亲授。男女非有行媒，不相知名；非受币，不交不亲。"实际上，妇女几乎被禁止与亲戚以外的人相见。《女论语》写道："内外各处，男女异群。莫窥外壁，莫出外庭。出必掩面。"

一名女子只允许和一名男子建立关系，这个男子由另外一名男子——她的父亲——选定。女孩在择夫上没有发言权；新娘和新郎的一切由父母包办。帝制时代中国的婚姻观念和如今西方的观念完全不同。婚姻虽然是两人的事情，但却更像两家的结合；夫妻是否亲密是次要的，甚至是无关紧要的。许配人家之后，新娘离开娘家，住进婆家。从此，她要忍受蛮横的公婆，要做公婆实际上的仆人。有关儿媳对公婆行为的规定非常

205

烦琐、严苛、霸道。《礼记》写道："凡妇，不命适私室，不敢退。妇将有事，大小必请于舅姑。妇或赐之饮食、衣服、布帛、佩帨、茝兰，则受而献诸舅姑，舅姑受之则喜，如新受赐，若反赐之则辞，不得命，如更受赐，藏以待乏。"《女论语》的规定更为严苛："敬事阿翁，形容不睹，不敢对语。如有使令，听其嘱咐。姑坐则立，使令便去。"

　　除了服侍公婆，已婚妇女的主要责任是生儿育女。实际上儒家对生儿育女也做出了规定；不生孩子属于严重违反孝道的行为。孟子说："不孝有三，无后为大。"结果妇女一生要生十个或更多子女。不过不是生什么孩子都是可以的，生了女儿并不算有后人。妻子只有生下男性继承人才算完成对丈夫的义务。

　　一辈子足不出户、命运被丈夫和公婆掌握、围着锅台转、充当生育机器的人生令人窒息、毫无尊严、贬低人格。但是用21世纪的眼光看待儒家的妇女观有失公允。尽管在儒家社会中，妇女丧失了个人发展机会，但是她们的作用不亚于社会道德卫道士。妇女担负着教育子女、丈夫以及维持家中操守规矩的重大责任。她们是君子的培养者和无私的导师，向儿子、丈夫传授治理天下所必需的道德准则。孔子认为，男子成为君子所需的一切知识都可以在家中学到；而妻子和母亲则负责教导他们。

　　《女孝经》明确阐明了这一点。这篇文章的行文格式类似《孝经》，可能为唐朝官员陈邈的妻子所著。文章声称记载的是班昭——代替孔子成为智慧的化身，和一些涉世不深而又热切求教妇道的女孩的对话。班昭跟她们解释了妇女如何成为有德之人并改变整个世界。她说道："先之以泛爱，君子不忘其孝慈；陈之以德义，君子兴行；示之以好恶，君子知禁。"在一段几乎照搬而来的段落中，班昭听到有人将妇德和绝对服从等同起来，感到非常吃惊。像儿子一样，女人也有义务提出意见，纠正丈夫的错误。女孩们问："敢问妇从夫之令，可谓贤乎？"班昭惊道："是何言欤？是何言欤？夫有诤妻，则不入于非道。"

在儒家眼中，妇女几乎是圣徒：顺从、有远大目标。她们为家庭和世界牺牲自我。班昭写道："谦让恭敬，先人后己，正色端操，以事夫主。"绝大部分妇女默默承担繁重的家务和安于从属地位，心甘情愿地坚持儒家的妇道，服从父亲、丈夫和公婆。如今很多人认为她们是迫于无奈。但是，在当时，妇女所遵守的社会规范却被中国社会极力推崇。她们所坚持的道德标准在当时无可置疑。美国现代中国妇女史专家伊佩霞解释说："母亲有责任将女儿培养成秀丽、可爱、顺从、矜持的女儿。母亲认为培养女儿具备这些品质不是压迫妇女的阴谋。相反，她们听到别人赞美她培养的女儿端庄秀丽会感到十分自豪。"顾若璞，一位诗人同时也是一位尽职的母亲，在给她的儿子1632封满怀愁绪的信中写道："我经历尝遍了所有的苦难，在恐惧和谨慎中辛劳地早起晚休。我唯一的想法是，避免任何

207

孔子："大男子主义者"

错误，从而不会触犯祖先的法律，使得让我的父母对我的关心照顾不会徒然。你认为我忍受了所有的苦难，但我真的喜欢这些吗？每一根纤维和每一粒粮食都是苦难换来的果实，这些凝聚着我对我的两个儿子的爱。"

儒家树立贤良淑德的妇女典型，让她们作为妇女自我评判和世人评判妇女的标准，从而促使妇女真心实意地顺从。其中较为有效的宣传形式是家家户户反复传唱的民间故事。正如《二十四孝》的目的在于培养儿童的孝顺意识，《列女传》的目的则是培养女性。《列女传》成书年代为公元前 1 世纪的汉朝，由刘向创作，是一部记录儒家奉为贤良淑德女性模范的传记著作，其中部分传记取材于业已流传的材料。传记讲的都是品德高尚的妇女的故事，她们有的是慈祥的母亲，有的是忠贞、顺从、聪明的妻子，当然她们都无可置疑地谦恭、贞洁。（保守的儒家和教会学校校长一样都重视女性贞操。）

其中有篇文章记录了孟子母亲的生平。故事讲道，孟母为了让儿子远离不良环境（墓地和市场），搬了两次家，最后搬到了学校附近。在重视教育的孟母看来，这里才是合适的住所。孟子小时候读书松懈，孟母拿起刀子割断了她正在辛苦纺织的布。她说道："子之废学，若我断斯织也。"传记讲道，孟子吓坏了，旦夕勤学不息，遂成天下之名儒。他的成就多亏了孟母及时的教导。后来，孟母老了，孟子想到国外做官，但是他觉得自己有义务陪伴敬爱的母亲，就打消了念头。孟母对此有所察觉，抓住机会谈论了一番妇女的地位问题。她告诉孟子："妇人无擅制之义，出嫁则从乎夫，夫死则从乎子。"

与《二十四孝》一样，《列女传》同样宣扬极端行为。有篇传记讲述了楚昭王夫人姜的故事。楚昭王出游，把姜留在了河边的露台上。他走之后，河水上涨，洪水冲刷河堤，威胁到了姜的安危。楚昭王派使者接她到安全的地方。不过使者到了之后，姜拒绝跟他一起走。原来由于着急去救王妃，使者忘了带官印。姜告诉他，她和丈夫约定，她只有见到印信才能接受命令。使者警告她，再不走就来不及了。使者着急地说："今水方大至，还而取符，则恐后矣。"然而王妃不为所动。在这种情况下，姜告诉了读者忠贞的重要性，即使为之牺牲也在所不惜。她告诉使者："妾闻之：贞女之义不犯约，弃约越义而求生，不若留而死耳。"使者急忙回去取官印，湍流的河水把姜给冲走了。楚昭王听说了她的事情后，对她大加赞扬，追谥她为贞姜。

自宋朝（960—1279年）以后，儒家妇道的形式越来越极端。最为野蛮的非裹脚莫属。女子五岁时就开始用裹脚布缠脚，阻止脚部生长。裹出的金莲常常不过四寸，被男人视为珍宝和贤淑美丽的标志。然而裹脚的过程非常痛苦；裹脚的女孩要忍受身体和精神的双重伤痛。有的留下了令人心碎的故事，诉说她们的绝望、忧愁和厌恶，以及她们为了逃避无尽的痛苦而进行的绝望、徒劳的挣扎。

209

有个常姓女子曾经讲述道："晚上双脚发热、肿痛。妈妈每七天重新给我裹脚，一次比一次紧。我越来越害怕。我不想裹脚，藏到了邻居家。如果我松开裹脚布，妈妈就会骂我，说我不想变好看。……脚上开始长鸡眼，越来越严重。……妈妈松开裹脚布，用针挑鸡眼。……我很怕，但是妈妈摁住我的腿不让我动。"常九岁时和邻居的儿子订婚。她被送到婆家帮忙后，命运更悲惨了。

"我的婆婆给我裹脚比我妈妈裹得还紧。我哭，她就狠狠打我；如果松开裹脚布，我就会被打得遍体鳞伤。……我低头看到除了大脚指头，所有脚指头都发炎溃烂了。……裹脚布被脓水和血水粘在一起。我得让人打我几拳，才能忍住拆裹脚布的疼痛。得用很大力气才能拆下来，有时候会把肉皮带下来，鲜血淋漓。脚恶臭难闻，我的心里痛苦极了。……婆婆不仅无动于衷，还裹上了瓷片让脚快点发炎。"

最后她的脚只长到了三寸。

后世中国和外国的观察家对此惊骇不已。21世纪著名作家林语堂谴责裹脚习俗，称其为邪恶怪诞的习俗。但是，我们应该注意到，妇女裹脚常常出于自愿；与很多时尚潮流（例如整容）一样，裹脚能够提高妇女找到乘龙快婿的机会。不过，孔子不仅不可能纵容这种残酷的习俗，甚至还会指责裹脚严重违反孝道。在《孝经》中，他明确指出，"身体发肤，受之父母，不敢毁伤。"儒家和儒学也从未直接倡导或推广过裹脚。

但是，有学者辩称，儒家制定严苛的妇女行为标准并强迫妇女遵守，推动了裹脚习俗的流传。裹脚使妇女寸步难行，加剧了妇女的依赖性，给了妇女炫耀遵从儒家思想的资本。从这个角度看，裹脚是儒家影响社会习俗的必然结果。一位现代学者断言："裹脚是中国妇女支持、参与并反映理学教化的习俗。"

丧偶也不能免除妇女作为妻子的责任。儒家一贯反对寡妇再嫁，他们认为再嫁是对丈夫的不忠，理学家对这一禁忌近乎痴迷。理学思想家程颐强烈反对寡妇再嫁。他认为再嫁是耻辱，还不如死掉。有人问程颐："或有孤孀贫穷无托者，可再嫁否？"程颐回答道："只是后世怕寒饿死，故有是说。然饿死事极小，失节事极大！"

国家褒奖守寡的妇女。明朝（1368—1644 年）时，守节的寡妇会得到当地官员的褒扬，成为贞节模范。明代福建省福州市志记载了徐松洁的事迹。她的丈夫去世了，没有留下子嗣。他生前躺在病床上曾对她说，他死后允许她改嫁。但是他去世之后，徐松洁趴在他的棺材上号啕大哭，随后上吊自尽。一位官员被她的贞节感动，在她家的门上挂了个牌匾：孝礼。这样的例子还有很多。其中有一个讲到了黄怡姐的故事。她十五岁时，未婚夫就去世了。在她不知情的情况下，媒婆开始为她张罗人家。少女知道之后，洗澡、梳头、换上新衣，举刀自刎。不过很显然她第一刀没成功。据记载，"第二天早晨家人发现了她的尸体，脖子上带着三个伤口。"

211

到 19 世纪，中国和西方的改革者已开始认识到贞洁烈妇不是榜样，而是待拯救的受害者。在传教士、革命者和女权主义者的眼中，曾被中国认为优越的儒家社会习俗和家庭礼仪变成了陈规陋习和国家耻辱。五四运动时期的作家陈独秀不但不像明朝理学家那样褒扬守节的寡妇，还将她们的孤苦命运归咎于儒家。他写道："不自由之名节，年年岁岁，使许多年富有为之妇女，身体精神俱呈异态者，乃孔子礼教之赐也！"

在西方平等和公平思想的聚光灯下，中国妇女的生活成为了中华文明及其思想基础愚昧落后的标志。女权主义者将中国妇女视为全世界被歧视的第二性的代表，将儒家看作借伦理道德和社会稳定压迫妇女的过时学说的典型。女性主义哲学家朱丽娅·克里斯蒂娃评价中国妇女时说："妇女是在沉默中受人忽视的人群，儒家认为……她们应该与世隔绝，一生操持家务、生儿育女。"在很多人看来，禁锢在家中的中国妇女具有了伟大的象征意义，成为了东亚文明不能适应现代社会的标志和西方文化优于东方文化的明证。

东亚妇女所遭受的压迫和儒学应为之负责的观点对大规模重新评价圣人、圣人的学说及其学说对现代世界的价值起到了推动作用。中国很多年轻的思想家，经过西方思想熏陶之后，开始认为孔子与现代根本水火不容。他们断定，东亚妇女获得发展、自由的唯一道路就是清除儒家思想对家庭和社会的影响，更准确地说是千百年来形成的儒家思想所造成的影响。20 世纪初无政府主义者何震写道：

> 盖儒家之学术，偏于专制，便于男子之自私，故多
> 妻之说、贞节之风，均儒家有以开其先。汉人祖术儒
> 家，于古籍言及女子者，不惜望文生训，强古经以张己
> 意，庞黠者援饰其说以自便，愚者迷信其说而不疑，而
> 吾女子之死于其中者，遂不知凡几。非扫荡儒书之邪
> 说，则真理无复昌明之期。

正如陈独秀和其他很多人将中国社会的压迫现象归咎于孝
一样，女性改革者也将儒家家庭视为导致中国妇女悲惨命运的
根源。1907 年，激进分子汉一抨击道："盖家也者，为万恶之
首。自有家而后女子日受男子羁縻，既有家，则男子之纵欲
者，必聚女子于牢笼，而强之为妾媵，供其淫欲。……故自家
破，而后人类之中，乃皆公民无私民，而后男子无所凭借以欺
凌女子。"

不过，近年来有学者开始重新思考孔子与妇女的关系。他
们没有简单地认为中国最重要的哲学思想有歧视妇女的天然性
质而束之高阁，也不认为妇女争取平等要根除孔子学说。相反，
他们重新阅读孔子的原始学说，试图调和圣人和现代亚洲女性
及其抱负的关系。这对孔子在未来东亚社会中的地位至关重要。
如果儒学不能满足妇女当今的需要，它的创立者的影响力一定

213

会削弱，声誉也会有污点。

新学者认为儒学不是只适合旧时代的教条思想，而是具有与时俱进特点的鲜活学说。夏威夷大学教授罗莎莉就是其中一员。她回忆说："我读研究生时在夏威夷参加过一次哲学会议。一位西方学者在小组会议上讲话时，谈到了儒学在性别平等问题上的生命力问题。他认为，儒学是无可救药的、厌恶女性的父权思想，因此儒学涉及性别的内容不值一提。我对他的讲话感到十分不解。因为如果儒学不能处理性别问题，那么这一思想传统本身对现代生活就没有任何用处。如果伦理理论不能处理性别问题，它就不能称为伦理理论。"

这件事促使罗莎莉从理论上说明孔子学说如何适应新时代的需要。她解释说：

儒家传统中存在适应现代性别观念的思想并不等于孔子本人是女权主义者或者他的学说莫名其妙地具有性别平等倾向。我主要感兴趣的不是孔子生前的言论、受众和他的意图。作为哲学家，我感兴趣的是特定儒家概念的影响以及它应用于我们这一时代的方式。哲学家要做的就是这种工作。我的兴趣点在于提炼儒家传统中的可用内容，帮助现代女权主义理论探索解决性别压迫的方法。孔子本人也许没有多少相关见解，但是和西方伟大的思想一样，他的思想仍然存在价值，应该体现出它作为伟大的人类成果所应具备的价值。

罗莎莉在《儒学和女性》一书中试图梳理儒家思想中符合现代女权主义的因素。儒学的内外之隔一方面给予了男性在公共领域追求成功的自由，另一方面却只允许女性承担家庭责任，禁止她们走出家门。她主张，打破内外之隔最为关键。按罗莎莉的说法，儒学从不允许妇女成为儒家的君子，至少不允许女性成为男人一样的君子，从而导致妇女发展受限、抱憾终生。她表示，儒家应该更改习俗，允许女性像男性一样通过修身成为君子。罗莎莉说，儒家也应重新强调原有的相辅相成的人际关系。经过调整，儒学既能够适应现代妇女的要求，又不会丢掉学说的主要原则：人际关系决定了我们的身份和我们的生活方式，个人身份只有放在人际关系网中才能为人理解。罗莎莉写道："承认儒学的某些成分需要修正不等于表示儒学具有性别歧视和反女权主义的性质。儒学是有活力的传统思想，能够博采众长，蓬勃发展；它的适应力在历史上已经得到了反复证明。"

罗莎莉所做的正是董仲舒、朱熹、康有为等儒家学者在历史上所做的工作：在新时代用新方法阐释孔子。她的哲学探索也许无法帮助像裴朱迪一样为了在儒家所创造的、由男性主导的东亚社会中争取一席之地的妇女们，至少短期之内帮不上忙。但是从长远来看罗莎莉的努力最终会找到解决方案·儒家传统

215

和伦理经过重新评价开始复兴，保持东亚文化的核心地位，适应现代性别平等和个人自由等倾向的需要。以前"孔子"曾表现出这种活力，在历史上历经波澜延续至今。不管是董仲舒的综摄还是朱熹的革新，儒学已经一次次证明了它能够通过变革适应不同时代的需要。也许罗莎莉的哲学实验最终会改变当今社会对孔子的印象，对世界产生现实影响。

罗莎莉所面临的挑战也让裴朱迪们相信，重建儒学值得一试。而罗莎莉并不孤单。从20世纪80年代开始，官员、学者和商人都在重新考量他的思想，和罗莎莉一样对孔子进行改革以适应现代世界的需要。有些自诩为新儒家的人常常抱有自私的目的，对这一事业帮助不大。但是，尽管全球化日益高涨、批评之声数十年如一日地激进，但是当今所发生的一切都不是"孔子"的终结，而是他人生新篇章的开端。

第三部分

孔子归来

第八章

孔子：企业家

德者本也，财者末也。

——《大学》

靳战勇一筹莫展。他是天下汇宝文化传媒的创始人。公司位于中国的工业城市太原，是组织展览和媒体活动的小型企业。由于员工的懈怠和争执，企业受到不良影响，但他只能眼睁睁地看着却无计可施。员工间的冲突升级成了全武行。内讧使公司收入停滞不前。而靳战勇不知道怎么办。后来他请来"孔子"做人力资源顾问。

他长这么大，对圣人几乎一无所知。2011 年情况发生了变化。经太原当地向圣人学企业管理的企业家介绍，靳战勇了解到了儒学。他开始学习《论语》，定期参加企业家举办的讨论会，从中获得了灵感。他说："儒学给我留下了深刻印象。它教人友善待人、乐于助人、待人如家人。"靳战勇认为，他的公司需要的正是这种精神。如果孔子能指导他的个人生活，也许他也能鼓舞士气低落的员工。

2012 年底的一天，靳战勇在例行早会上破例放了一段介绍《论语》的视频。在以后几天里，他每天播放相关视频。然后他开始督促员工阅读儒学文章，设置奖金奖励学得最好的员工。他说："我接受儒学是因为我认为它可以有效地管理员工、提高工作效率。我希望能有效果，但我没把握。我只抱着试试

221

看的想法。"

靳战勇表示，结果很快就见效了，效果还很显著。员工之间的分歧一下就消失了，他们开始努力工作。靳战勇解释说："员工真的拧成了一股绳。他们开始积极、主动地为公司做贡献。"在他第一次放《论语》视频后的三个月内，企业的营业额翻了一番。

太原建筑园林企业如海实业集团创始人卢明宇也见证了孔子创造的奇迹。卢明宇表示，他从童年开始就对中国传统文化感兴趣。2005 年，他开始让员工学习儒学，除了在早会上讨论，公司每周还邀请专家讲课。他说："儒家思想进入他们的头脑，改变着他们的行为。在我引入儒学之前，员工每天踩点上下班，早晨 8 点 30 分上班，下午 5 点 30 分下班，一分钟也不愿意多待。现在他们都自愿加班。有时我还得逼着他们下班。"卢明宇认为孔子的话有神奇的力量。2010 年，数百名愤怒的工人在工地罢工，卢明宇去见他们。他站在他们面前，领着他们朗诵了《论语》中的几段文字。他说，眨眼间他们就都收起工具回去工作了。

卢明宇说，儒学知识也改善了他的管理方法。他解释说："过去我只关心员工为我赚了多少钱。现在我想的是为员工提供好工作。我把他们当作我的家人，我想照顾他们。我的关注点不是赚钱，而是在精神层面上提高自己和员工。我让员工学习儒学，提高水平，利润就会滚滚而来。"事实确实如此。卢明宇说，孔子不仅营造了更健康的工作环境，还带来了更高的利润。

东亚的企业家经常向孔子学习管理。柳井正是日本迅销有限公司的首席执行官。该公司的优衣库休闲衣物连锁店遍布全球各地。柳井正表示，儒家影响着他雇用、提拔员工的方式。他不仅看应聘者的学历和技能，还考虑应聘者的道德品质。柳井正说："在我们公司中，除非你的为人受人尊敬、值得信任，否则不管你多聪明，你也不会有机会。除非应聘者理解我们的企业文化，否则不管他们多聪明，也不会被录用。"孔子的商业价值也引起了西方的关注。美国现代成人教育之父戴尔·卡耐基的经典著作《人性的弱点：如何赢得友谊与影响他人》1936年出版，被奉为销售员的圣经。这本书开篇引用了圣人的名言。你认识的人中有没有你想改变、调整、提高的人呢？很好！卡耐基写道："但是为什么不先从自己做起呢？……孔子说过'苟正其身矣，于从政乎何有？不能正其身，如正人何？'"

很多亚洲问题观察家认为，孔子对经济和商业的影响远远不止培养几个快乐的员工。近几十年来，随着中国、日本、韩国和新加坡等东亚各国相继成为工业强国，一些经济学家认为孔子才是这一地区取得举世瞩目成就的源泉。他们认为，孔子为东亚社会打下了快速发展的基础。具有讽刺意味的是，在过去一百五十年中，有很长一段时间，东西方批评孔子的人都指

223

责孔子是现代化的主要绊脚石，是亚洲积弱的罪魁祸首。但是，随着东亚经济的崛起，孔子的地位与东亚的出口、增长率和收入水平同步攀升。这一曾经被贬低为东亚衰落罪魁的文化传统又开始被誉为亚洲复兴的功臣。尽管孔子千百年来经历各种世态炎凉，但是他对这种命运大逆转肯定也不适应。

东亚经济的崛起引发了持续至今的现象：在现代社会背景下，孔子角色的再审视。得益于这种现象，圣人日渐腐朽的身躯又恢复了生机。人们不再将孔子看作是毫无希望的旧时代的古董、残余，也不再认为只有彻底消除他的影响，亚洲的政治、经济和社会才能进步。鉴于东亚经济的崛起，儒家的一些思想又重新具有了实际价值。它们似乎能够充当现代化的催化剂，指明通向新黄金时代的道路，恢复东亚的繁荣和国际地位。过去几十年间亚洲和世界其他地区都认为亚洲只有全盘西化，才能实现现代化、提高竞争力，但是中国、日本、韩国、新加坡等地的发展说明亚洲既可以保留传统，又可以富强、进步。亚洲迅速累积的财富树立了本书开篇提到的基肖尔·马布巴尼的文化自信概念：亚洲需要树立这种自信才能以全新的眼光审视自己的传统。

尽管如此，复兴的儒学已经不再是亚洲帝制时代的儒学。儒家不再注重宫廷仪式、祭祀先帝，他们也不再是痴迷幻想出的古代奇迹的复古主义者。重生的孔子身着西装，边品尝星巴克的卡布奇诺边使用苹果手机。然而在内心中，他还是那个古老的孔子，信奉经久不衰的良治之家、仁的魔力和德治等理念。他是恢复了活力的孔子，能够更轻松地适应新兴的全球化文化。有人认为，亚洲经济强势崛起背后的魔力就隐藏在这种新兴的、集东西方文明大成的文化之中。

新生代儒家甚至可以指点西方一二。东亚抢眼的经济成就促使经济学家和企业家剖析该地区的政策、社会模式、首席执行官的管理方法、政府领导和工人，探索本国和自身企业可以借鉴的智慧。研究产生了新观点：儒家和自由企业相结合，构成了新的经济制度——儒家资本主义；在某些方面，它比西方施行的制度更为优越。也就是说，东亚对西方在世界经济中的主导地位和亚当·斯密自由市场学说在意识形态中的统治地位提出了儒家式的挑战。这种观点认为，美欧各国要与崛起的亚洲竞争，就必须采用儒家资本主义制度。这种 180 度大转弯式的分析同样令人惊讶。从 19 世纪中期开始，东方就认为用西方思想代替儒家思想势在必行；而如今有人却主张西方同样有必要向东方借鉴儒家的某些思想。

孔子在东亚的成功颇具讽刺意味：圣人并未完整论述过经济政策和商业活动理论。与其他关键性问题相同，他只留下了只言片语和对相关问题的概述。然而，他的话足够我们整理形成儒家经济模型。实际上，他留下的思想与现代经济政策和文化属性高度一致，有人认为这推动了东亚的快速发展。

据典籍记载，孔子管理经济的方法从某些方面看属于放任

225

主义。他认为，有道政府等于小政府。臃肿的政府和严重挤压私营企业的政府会过度剥削人民，削弱以促进生产为目的的优惠政策，最终会导致国家贫穷。官员控制市场或主导工业会造成灾难，使财富流向国库，但财富最好留给百姓。政府不应该向人民征收重税，也不应该浪费资源举办奢华的仪式、提高不必要的军事开支或开展其他铺张浪费的活动。君主也不应该为扩军或大兴土木过度使用人力。这种做法只会削弱百姓农耕和养家糊口的能力。

孔子认为政府应该人道，而上述观点则是这一思想的外延。孔子认为，向百姓征收重税是暴政。人民应该有追求家庭福祉的自由，即，应允许人民享受自己的劳动成果。儒家管理经济的基本哲学是孔子版的金规则：人民富则君主富；君主不应为了自己的利益而牺牲人民的利益。《大学》劝说统治者："生之者众，食之者寡，为之者疾，用之者舒，则财恒足矣。"

在《论语》开篇，圣人就阐明了这一观点。孔子说："道千乘之国：敬事而信，节用而爱人，使民以时。"他在和一位爱问问题的学生谈话时扩展了这些观点。何如斯可以从政矣？子张问孔子。孔子回答："君子惠而不费，劳而不怨，欲而不贪，泰而不骄，威而不猛。"孔子随后告诫子张清官不应该做什么。孔子说："不戒视成谓之暴。犹之与人也，出纳之吝，谓之有司。"

孔子认为，维护繁荣的局面是所有有道政府的主要责任。

他说："足食。足兵。民信之矣。"有一次游历卫国时，孔子注意到，当地人口很多。他的一名弟子问道："既庶矣。又何加焉？"孔子回答："富之。"因而国家有责任从国家大局出发促进经济发展。建设强大的经济也是政治有道的表现。儒家认为，人民温饱，赋税轻薄，人民就会忠诚，实行这种政策的统治者就能扩张霸权，巩固统治。《大学》讲道："是故财聚则民散，财散则民聚。"

最重要的是，儒家认为经济繁荣是提高社会道德的关键的先决条件。统治者让百姓吃饱、住好并为他们提供经济机遇，就能为百姓追求道创造必要条件。百姓一贫如洗、饥肠辘辘，怎么能有高尚的道德情操呢？孟子曾对梁惠王说：

> 若民，则无恒产，因无恒心。苟无恒心，放辟，邪侈，无不为已。今也制民之产，仰不足以事父母，俯不足以畜妻子，乐岁终身苦，凶年不免于死亡。此惟救死而恐不赡，奚暇治礼义哉？

千百年来，孔子的弟子敦促中国的执政者将这些原则应用到他们的经济政策中。这一努力从孔子时代就开始了。例如，《论语》记载了鲁哀公和圣人弟子有若的对话。由于收成不好，鲁哀公担心入不敷出。他向有若询问对策。他告诉哀公征收十一税。哀公说："二，吾犹不足，如之何其彻也？"有若答道：

227

"百姓足，君孰与不足？百姓不足，君孰与足？"

孟子同样向中国统治者详细论述了低调的紧缩经济政策的优点。他告诉梁惠王："不违农时，谷不可胜食也；数罟不入洿池，鱼鳖不可胜食也；斧斤以时入山林，材木不可胜用也。谷与鱼鳖不可胜食，材木不可胜用，是使民养生丧死无憾也。养生丧死无憾，王道之始也。"孟子说："君主坐视人民挣扎、饿死，与杀人犯无异。涂有饿莩而不知发；人死，则曰：'非我也，岁也。'"孟子继续斥责国王，问道："是何异于刺人而杀之，曰'非我也，兵也。'"

中国的执政者常常忽视孔子以及后世弟子的意见。汉武帝穷兵黩武，军费开支越来越高，政府越来越希望增加财政收入。他将盐、铁、酒等原本为商人带来巨额利润的产品纳入官府专营，希望将利润收归国库。通过名称委婉的均输平准法，武帝将国家变成了巨大的必需品贸易商。国家机构低价大批买进谷物和其他食品，然后在其他地方高价卖出，从而为政府攫取巨额利润。

儒家表示不满。汉朝初期伟大的儒家思想家董仲舒谴责汉武帝的政策。他认为，这种政策使人民贫穷，他建议结束盐铁官营，降低赋税和徭役。董仲舒在奏折中说："古者税民不过什一，其求易共；民财，内足以养老尽孝，外足以事上共税，下足以畜妻子极爱，故民说从上。"

但是这次董仲舒未能说服武帝，遭人痛恨的政策仍未改变。

不过固执的儒家不会放弃。公元前 87 年，武帝驾崩之后，他们与官员就国家的经济政策展开了热烈辩论。这一辩论读起来很像现代关于政府经济角色的辩论。儒家相当于今天支持自由市场的专家。他们辩称，政府干预会扭曲物价、吓跑私营企业、破坏繁荣的局面。他们重申董仲舒关于结束官营和均输平准法的意见。儒家学者抱怨："今释其所有，责其所无。百姓贱卖货物，以便上求。未见输之均也。轻贾奸吏收贱以取贵，未见准之平也。"儒家辩称，国家不应参与商业经营活动。他们说："窃闻治人之道，防淫佚之原，广道德之端，开仁义，毋示以利。"

官员进行反驳，将儒家说成是不切实际的理想主义者，不理解管理国家的需要。他们说，取消官营、降低赋税将使汉朝无力保卫边境、抵御蛮夷的劫掠，国家参与贸易活动能够保护人民免受市场变化之苦。一位官员嘲笑儒家说，他们破旧的衣服可以说明他们不适合指导国家政策。他说："今举亡而为有，虚而为盈，布衣穿履，深念徐行，若有遗亡，非立功名之士。"

儒家的敝屣反映了孔子对自由企业的热情有所保留。圣人也许倾向高效的小政府，但是这并不是说他支持完全放任的私营商业活动。孔子向来不信任追逐财富的人，这种态度也影响了后世的儒家以及他们对商人、商业的观点。尽管孔子不像古印度哲学家那样主张苦行主义，但他认为贫穷是高贵的，至少他对贫穷抱着恬淡寡欲的接受态度。在孔子眼中，真君子不贪图富贵。他说:"君子食无求饱,居无求安。"贪图富贵的人即使真想行仁义也不值得信任。圣人说:"士志于道,而耻恶衣恶食者,未足与议也。"

他认为,利润与道德是相悖的,对商的不信任就来源于此。追求富贵的人会背离道德。孔子说:"君子喻于义,小人喻于利。"但这并不代表孔子完全反对经济上的成功。他的言下之意是,只要聚敛财富的同时严于德行,聚敛财富就没有错。他说:"富与贵是人之所欲也,不以其道得之,不处也;贫与贱是人之所恶也,不以其道得之,不去也。"孔子认为,聪明有德之人自然会得到财富。有道之君不仅能为自己带来财富,还能使国家兴旺发达。《大学》提道:"德者本也,财者末也。"孔子认为,无论在经济领域还是在政治领域,道德比实力更加强大。

不过,儒家大都认为中国精英阶层聚敛财富的手段并不光彩。儒家一般不信任商业,认为金融与贸易是末等经济活动,存在危害国家福祉的固有的腐蚀性和危险性。他们认为,商人不事生产,只会买卖他人的血汗成果,从中攫取不当利润。孔子更喜欢倾向农民的经济政策,认为他们是诚实的劳动者,进行生产实物的根本活动。在公元前 81 年的辩论中,儒家告诉官员:"末修则民淫,本修则民悫。民悫则财用足,民侈则饥寒生。"

儒家对商业的偏见也体现在四民的概念中。如寄生虫一样追逐利润的商人处于这一等级概念的最底层，而士则排在第一位；农民是诚实劳动者的典范，排在第二位；工匠靠手艺养家糊口，排在第三位。追求财富的人被视为危害大众利益的敌人；儒家认为，巨富之家是靠压榨百姓得到的财富。这种观点使儒家认为，国家有责任推动经济平等，管理自由企业，防止剥削。

董仲舒在给武帝的重要奏章中将当时的经济弊端归咎于财富集中于少数贪婪而有权力的人手中。他抱怨说："富者田连阡陌，贫者无立锥之地。小民安得不困？"这就是为什么他以及他之后的很多儒家常常迫切要求采取平均收入措施的原因。董仲舒倾向平均土地的所有制，这种制度可以保证每户农民养家糊口而不被大地主剥削。他的意见没有被采纳，在以后的岁月里，儒家还将不断重提这一建议。

儒家也许并未赢得每一场论战，但是他们对中国的经济政策仍然发挥了重大影响。千百年来，得益于科举制度，管理经济的政府官员满脑子都是圣人的思想，因此他的思想也不可避免地渗透进了政府的决策之中。结果出现了哥伦比亚大学教授曾小萍所称为的儒家政治经济学。尽管儒家无力打破武帝的官营，但是在大部分历史时期，他们对自由经济的偏好总体上仍然占据了上风。在帝制时代，中国实行的主要是私营市场经济。土地可以自由买卖，商人和工匠常常可以自由工作。孔子对政府税收和支出政策的影响最为重大。官僚机构多避免对人民征

231

收重税。虽然这种做法也导致了弊端——日益臃肿而又财力不足的政府，但是儒家的原则仍然不失为良策。

不管孔子对中国经济产生过怎样的影响，在很长的历史时期，中国都是世界上最富庶的国家。英国经济学家安格斯·麦迪森认为，在公元后的大部分时期，中国和印度是世界上最大的经济体。但在19世纪，中国的地位开始快速衰落。麦迪森表示，1820年，中国的产值占世界产值的33%，西欧和美国的产值比重合计为25%。但是到1950年，中国的产值仅为4.6%，而西方的产值则高达近57%。中国不仅在科技方面落后于西方，在经济创新上也远远落后。工业革命使西方迅速富强起来，但是中国几乎未发生工业革命，在20世纪初，中国总体上仍然是农耕社会。中国也未像西方一样建立允许工业家、发明家、企业家大规模利用资本的机构，比如股市、现代企业以及银行。总之，西方发展出了资本主义，而中国却仍然原地踏步。

这种现象令人迷惑不解。正如科技领域一样，在大部分历史时期，中国的经济都远远领先西欧，然而直到20世纪的最后二十年，中国才发展出较为现代的市场经济。学者们开始问，为什么西方发生了工业革命，但是东方却没有呢？另外，既然世界已经明白了西方资本主义创造奇迹的能力，中国为什么不能有效利用呢？在学者寻找答案的过程中，孔子又开始倒霉了。学者们认为，儒家文化和社会制度是资本主义发展的阻碍，也是中国经济的核心缺陷。

德国社会学家马克斯·韦伯在 1915 年德国出版的《儒教与道教》(后来修改为这个书名)一书中提出了这一观点,并最终坚持这种观点。在他的这部最为著名的作品中,韦伯指出西欧出现资本主义是因为清教具有促使资本主义发展的必要精神。韦伯通过观察中国社会得出结论:儒家缺少类似特征,所以中国未发展出资本主义。韦伯辩称,儒家过分注重传统,过于满足现状,致使资本主义不能在儒家思想主导的社会茁壮成长。儒家非但不鼓励中国人为了大局改变世界、发展公平的商业关系、学习实用的专业知识,还用枯燥的社会传统以及过时的经济政策将中国人束缚起来,阻碍了现代资本主义在东方的发展。

韦伯认为,从儒家对人在世界中的地位的看法中,可以找到儒家反对资本主义的原因。他强调,儒家认为人有义务遵守主流社会秩序,坚持传统和自古代流传下来的行为准则。

儒家对和谐和安宁的关注使他们安于现状。结果儒家不鼓励君子寻求、支持变革,而要求他们坚持现状。清教恰恰相反,鼓励西欧人按照上帝的旨意改造不完美的世界,从而刺激了创新和资本主义精神。韦伯写道:"儒家的理性主义意思是理性地对待世界;清教的理性主义意思是理性地掌握世界。"

韦伯断定,儒家思想欠缺对来世的憧憬,无法激励中国人打破传统,改变邪恶的世界。儒家不担心得罪上帝、堕入地狱，只关心日常生活中的礼仪规则。君子和真正的道德行为无关；一个人只要遵守社会行为习俗就可以成为君子。韦伯嘲笑道："儒家说'我有罪'跟我们说'请你原谅我'一样。"由于缺少上帝赋予的神圣使命，儒家沉湎于世俗事务，包括聚敛财富（似乎与他们的主张相矛盾）。韦伯写道："在其他任何一个文明国家，物质财富从未具有这么高的地位，原因在于儒家认为财富的价值是达到道德完美的一般手段。"

韦伯表示，问题在于，这种斤斤计较的聚敛财富的行为破坏了资本主义商业交易行为所必需的信任。韦伯写道："这种不信任阻碍了一切信贷和商业活动的发展，与此相反是清教徒的信任，他们在经济上尤其信任教友绝对不可动摇的、由宗教信仰决定的正当性。儒家的语言是华美、客气的表示，有其自身目的；清教徒的语言则是客观、简明、绝对可信的商业传达。"更为糟糕的是儒家痴迷孝。由于儒家青睐家人以及其他与他们亲近的人，公平、公正的经济交易无法发展起来，而这是现代资本主义运行的必要条件。

韦伯的分析需要批判地阅读。读韦伯的书会给人这种感觉：他没有学者应有的开放态度，而是以已有定论去批判儒家传统。最明显的是，他认为儒家思想助长贪婪和道德滑坡的观点就是对儒家学说的错误理解。无论如何，儒家思想和资本主义不相容的观点还是成为了中国经济衰落的标准解释。人们指责儒家思想扼杀了资本主义创业精神所必需的个人独立精神，助长了轻商思想——毕竟商人处于儒家职业序列的末位。美国汉学家、历史学家费正清和他的同事写道："中国和欧洲经济增长的不同体现了两种文化的差异。"孔子受到的影响很明显。正如中国革命者和女权主义者认为孔子阻碍了中国的政治、社会改革一样，学者和历史学家也认为儒家思想阻碍了中国经济的发展。孔子又一次被指责与现代世界格格不入。

然而第二次世界大战后，在日本城市的废墟中，变革蠢蠢欲动。它将引导人们重新审视孔子与资本主义的关系。日本为重建工业、积累国家财富，开始寻求经济腾飞的道路。它的巨大成功让世界为之瞩目。经济开始以数学上不可能的增长率增长——日本在 20 世纪 60 年代的年平均增长率为 10%；到 1967年，日本已成为仅次于美国的世界第二大经济体。日本公司出口轿车、钢铁、电视、船舶以及后来的传真机和芯片，抢占世界各地的市场份额，数百年来首次挑战西方工业霸主地位。到20 世纪 70 年代末，惊慌失措的西方专家预测日本会超过美国成为世界第一大经济体。

日本也不是唯一快速发展的经济体。曾经饱受贫苦和战争困扰的东亚各经济体开始富裕起来。由于生产扩大和出口增加，亚洲四小龙韩国、中国台湾、中国香港和新加坡经历了与日本类似的增长。经济学家迷惑不解。他们认为，在 20 世纪中叶亚洲殖民时代的末期，这些弱小的东亚国家和地区缺乏自然资源，也没有像样的工业和基础设施，不值一提。他们当时更看

235

好其他发展中国家，尤其是非洲和拉美国家。然而四小龙在所有经济指标上都超过了其他新兴地区。国际社会对它们的发展十分惊讶，以至于连保守的世界银行都称这一现象为奇迹。有分析人士认为，四小龙的成功不能单靠经济理论解释。他们问，为什么东亚社会找到了通向繁荣的正确道路，而其他新兴国家却没有呢？因而学者开始寻找其他因素，以解释东亚令人费解的成功。有人认为，这几个亚洲国家和地区一定具有独特的特点，使它们比其他发展中国家更具有刺激经济快速增长的土壤。亚洲问题专家看着日本和四小龙，注意到它们都有一个至关重要的共同点：孔子。

有的专家认为，圣人学说是东亚和世界其他新兴地区的本质区别；这一关键因素解释了为什么东亚经济增长迅猛，其他地区却发展缓慢。虽然孔子的这些新支持者声称，日本和四小龙已经不是帝制时代将儒家思想作为国家教义的儒家社会，但是他们认为，圣人的思想深深植根于东亚的人际交往中，仍然发挥着影响。因此形容这些社会的新词出现了，后儒家社会。这些观察家认为，圣人的学说塑造了东亚人民的行为方式和态度，为该地区的经济腾飞奠定了基础。20世纪80年代，中国作为充满儒家色彩的经济强国同样跻身世界舞台，为儒家思想推动经济增长的观点又增添了明证。儒家阻碍资本主义发展的观点曾被公认是正确的理论，如今却以眼花缭乱的速度被推翻了。1980年，英国政治家马若德针对韦伯断言："儒家思想对东亚经济迅猛增长的重要性不亚于清教对西方资本主义崛起的重要性。"

这种反驳很大程度上建立在对儒家家庭经济能力重新审视的基础上。儒家家庭在人们眼中不再是商业和创业的阻碍，而是东亚资本主义崛起的引擎，为私人企业提供了成功所必需的激励因素、人脉和资金。受儒家影响形成的热爱学习的氛围培养了适应现代工业所必需的技术娴熟的劳动力。植根于儒家家庭的节俭精神帮助他们积累了可以用于投资的积蓄。提高家庭福祉的责任感使东亚人努力工作，激励他们追求成功。孝非但没有抑制个人的主动性，还释放了这种精神。韦伯认为儒家文化的家族性以非理性的方式扭曲了商业行为，而与之相反的观点则认为它刺激了高效的资本主义。家庭成员和亲密朋友形成的关系网提供了便捷的资金来源和值得信赖的伙伴关系，促进了企业蓬勃发展。

另外，儒家家庭教给子女的社会知识使他们成为模范资本家。与西方以自我为中心的个人主义不同，儒家价值观鼓励东亚商人和工人要以自己、家庭和社会的成功为目的进行创业。这使东亚各国、各地区具备了在经济上实现共同富裕的优势。习惯了服从父母之命的儒家员工同样服从老板的命令，从而构建了和谐的劳资关系。他们接受过尊重政府的教育，因而能够接受国家政策，关键的改革措施得以顺利实行。因此，21世纪的儒家能够承担实现强劲增长所需的一切角色：吃苦耐

237

劳的工人、勤劳的企业家、愿意为了国家长远大局利益牺牲眼前利益的忠诚的公民。马若德写道："后儒家经济人努力工作、纵情玩耍、大笔消费，积蓄更多财富。他愿意论资排辈而又重视能力。他认为个人利益与社会利益是统一的，并接受相关的指导原则。"

这些思想家认为，儒家对安宁的渴望和对权威的服从使他们成为了忠诚、敬业的员工，使他们比信奉个人主义的西方人更能适应现代企业的工作和生活。因此，儒家的影响使亚洲企业在与西方的竞争中占据了优势。儒家思想使管理层和员工建立了和谐的关系——这种现象在纷纷攘攘的西方不存在，增进了员工间的感情，打造了可靠的团队。马若德认为："如果西方个人主义适合工业化的拓荒时代，那么后儒家的'集体主义'则更适合大规模工业化时代。在西方，'组织人'是多少受人排斥的角色。而在日本，公司人是理想角色。"

此外，儒家思想培养了东亚各国政府的资本主义精神。东亚官员不再是保守的古典学者；如今他们成为了高效资本主义决策模式的践行者。孔子学而优则仕的箴言曾被批评阻碍了该地区的进步，如今却激励着日本和韩国的名牌大学毕业生进入政府制定经济政策的部门工作。与西方民选政治家制定政策并由公务员执行的做法不同，日本和东亚其他国家的经济掌控在职业公务员手中，允许最聪明的官员在不受政治干扰的情况下制定专业政策。

实际上，东亚的官员被认为是现代君子。九百年前激励宋朝王安石变法的精神也同样激励着他们追求经济发展、革新政策。儒家政府历来以官员为权威的传统为这些新时代的君子干预自由市场提供了便利，因而信奉自由放任的西方认为不可接受的方式，却能被他们用来促进经济增长。例如，日本的决策者支持特定产业、对新兴产业提供竞争保护、指导银行向受优待的企业和同业联盟提供贷款。与美国政府和私营领域的排斥相比，这些君子和日本的金融界、商界关系密切，三方在产业投资方面紧密合作。

专家断言，强力的君子使日本、韩国、新加坡以及东亚各经济体在全球竞争中占据先机。亚洲问题专家傅高义声称，美国若想与日本并驾齐驱，就需要培养自己的精英君子团队。1979 年，傅高义写道："日本有优越的规划、组织和执行力，通过竞争在经济领域打败了我们。承认这一点令人不安。日本依靠强烈的集体意识和政府主导现代化的方针，制订了很多解决问题的方案，而美国由于注重个人主义和法治的历史传统制订不出这种方案。"

很多受儒家影响产生的政策和做法与西方标准的资本主义运行方式互相抵触。西方经济学家认为，官僚是自由企业的威胁，起不到促进作用；商业交易必须客观、理性、不依靠人脉。而东亚无可否认的巨大成就使很多专家质疑并重新评估主流资本主义观点。有人认为，东亚出现的儒家资本主义比西方资本

239

主义更优越。人们认为，这种亚当·斯密和孔子的伟大混合体是超级资本主义，兼有自由市场原则和政府干预的特点。一般认为，资本主义要依靠粗俗的个人主义：购买商品的家庭主妇、愿意冒险的企业家和大胆的首席执行官根据自己的利益进行决策，可以创造人人可享有的繁荣。而儒家资本主义的基本理念是，集体、协调的决策和资源分配形式能够促进强劲的增长，培养有竞争力的产业。在西方，经济行为经过律师严格审查，然后落实到合同上，受市场制约；与此不同的是，儒家资本主义强调关系——君子、银行家和经理人之间的联系，家族企业网络和企业内部紧密的团队合作关系，因此亚洲经济体比西方更能适应现代的要求。商学教授陈敏写道："儒家伦理孕育了不同的资本主义，强调以自我为中心的关系、自律、自我修养、共识和合作。这种集体的力量是东亚社会相对西方的竞争优势。"

新加坡前总理李光耀过去半个世纪对东亚的政治有过重大影响。他坚定地支持从文化角度解释东亚经济成就的观点。在他眼中，亚洲的经济奇迹从很大程度上讲是儒家价值观的胜利。1994年，李光耀在接受采访时说："假如一种文化不崇尚教育和学问，不看重勤劳和节俭，不愿意为将来的收获而舍弃眼前的快乐，那么其经济发展要慢得多。"李光耀断言，对亚洲奇迹从纯粹的经济角度进行评估的出发点是一厢情愿地假定众生平等，全世界的人都是一样的，其实不然。他说："相反，在各自经历了数千年的历史演变之后，不同的人群发展出不同的特征。如果你因为研究这类问题在政治上是不正确的，于是就漠视它们，那么你就是在探索的道路上为自己埋下地雷。"

1923 年，李光耀生于商人之家。他曾使用哈里这一名字在剑桥大学攻读法律专业，1959 年，他成为新加坡第一任总理，开启了长达三十年的执政生涯。他的决策深深烙上了理性实用主义的印迹。不过，李光耀并未将新加坡令人瞩目的成就直接归功于儒家价值观。1987 年，他说："过去三十年来，推动新加坡成功的一个因素就是人民大多将社会利益置于个人利益之前，这是儒家的基本观念。"

李光耀为新加坡制定的经济政策融合了儒家思想。实际上，新加坡经济模式的基础就是儒家思想。李光耀根据圣人所提倡的儒家家庭形式，制订发展规划，将养老、救济贫困和失业人口以及其他社会弱势群体作为家庭而非国家的责任。因此，福利支出维持在极低的水平，节省出的稀缺资源投入到了教育、基础设施和其他为飞速发展奠定基础的项目之中。由于政府预算没有欧式福利制度的压力，李光耀得以奉行孔子的既定政策：维持低税收。2001 年，经济学家哈比布拉·卡恩在世界银行的研究报告中提出，新加坡发现了儒家模式的政府福利政策，这种政策能够帮助全世界的政治家避免承担日益沉重的社会服务成本。

李光耀采用了授人以渔的政策。新加坡被政治经济学家称

241

为发展型国家。他通过快速创造就业岗位、提高收入等措施，完成孔子有道政府的首要职责：保证人民福祉。为了做到这一点，李光耀比美国政治家更敢发挥政府的作用。政府成立了经济发展局，以积极吸引国外投资。有时李光耀和他的团队成立国有公司，扮演企业家的角色。1989年，新加坡商学教授陈水华写道："这种依赖政府的儒家态度在新加坡经济发展的过程中非常盛行。如果新加坡没有强力、廉洁并且有远见的政府去指明方向、进行正确抉择、确定重点并坚持不懈地执行这种政策，它就不可能实现举世瞩目的增长。"

政策主要由君子制定。李光耀领导的执政党人民行动党和政府机构对人才精挑细选，组建了由能力突出的技术专家构成的领导层。和儒家传统认识一样，李光耀认为他作为总理必须成为品行端正的楷模，供所有政府官员效仿。李光耀曾经说过："首先我们要树立榜样。不仅要清廉，还要俭朴，出行不能讲排场。……我们要削减政府成本，所以政府要俭朴。没有浪费、没有奢华的娱乐活动，也没有大办公室。我们定调、树立榜样，他们（公务员）效仿。"

尽管如此，支持儒家资本主义的人本质上也犯了马克斯·韦伯所犯的错误。韦伯看着北欧的成功和亚洲的停滞，认定西方价值观比亚洲价值观优越。如今，李光耀和其他人推翻了这一论点：他们根据东亚的成功得出了亚洲价值观比西方价值观优秀的结论。过去两百年来，韦伯、马若德和其他的学者，在试图解释亚洲跌宕的世界地位的过程中，都根据他们所观察到的现象赋予了孔子相应的角色。我们所感兴趣的就是在历史上人们如何看待孔子。他的影响力占据着主导地位，是东亚日常生活的一部分，以至于特定历史时期发生的一切都会归功或归咎于他。孔子在 20 世纪初是过时的封建主义代表，而在 20 世纪 70 年代则是坚定的资本家的代表。圣人就像伟大的实力派演员，不管演什么角色，他都能根据剧本挥洒自如。他的妆容太浓，人们几乎看不出他的真容。

20 世纪 90 年代，东亚出乎意料地遭受了重创，孔子的经济魔力也毫无悬念地受到了质疑。随着房地产和股市泡沫的破灭，日本的发展首先陷入停滞。然后，1997 年韩国爆发金融危机，高傲的四小龙被迫接受国际货币基金组织令人难堪的紧急救助方案。儒家价值观创造优越的经济模式的观点不攻自破，经济学家又开始质疑孔子对现代资本主义的价值。

批评人士认为，儒家资本主义曾给予东亚不可战胜的优势，如今却是东亚问题的根源。作为儒家资本主义核心的关系——家族脉络、君子与商人的关系，如今被认为是它垮台的罪魁。在日本和韩国，官僚、银行家和首席执行官之间的亲密关系使银行不以成熟的信贷风险分析为依据，而以长期的个人关系为依据，向企业提供贷款。按照儒家等级制度，部长或老板的决策不会受到顺从的幕僚、董事会董事和股东的质疑，这导致了有缺陷的甚至狂妄的决定和投资。儒家资本主义沦落为了密友

243

资本主义：在腐败小集团中，人脉破坏了理性经济。1998 年，《美国新闻与世界报道》编辑莫蒂默·扎克曼幸灾乐祸地写道："亚洲价值观变成了亚洲的拖累。"韦伯一雪前耻。

危机缓和之后，这种批评之声仍然持续了很长时间。人们指责儒家思想导致了紧密的家族关系，这种关系动摇了东亚企业的管理基础。这种批评不无道理。韩国企业的经理一般会把实权职位安排给儿子，而非职业人才。应聘人员通过面试靠的不是才智而是关系。2013 年东亚一个国家的报纸进行了一项调查，84% 的受访者表示年轻人更愿意靠拼爹找到好工作，只有 10% 的人认为能通过勤奋工作获得成功。由于公司等级森严，低级员工常常不可能表达自己的观点或向管理层提出不同意见；发明尖端产品、协助高层进行英明决策所必需的创新和信息公开交流受到了抑制。

飞机失事甚至都归咎于孔子。亚洲和世界各地的专家认为，飞行员等级制度是导致韩国航空公司不良飞行安全记录的原因。在出现争执时，低级飞行员不敢质疑、纠正机长，而作为团队合作的重要一环，质疑和纠正对保证飞行安全很必要。1997 年，大韩航空的一架客机在关岛失事，228 名乘客遇难。这次飞行事故充分暴露了这一问题。大韩航空不得不聘请外国培训师和高级管理人员打破儒家文化，强迫机组人员分担责任，相互沟通。

不过，当前世界各地的决策者和高管都在探索提高竞争力和创造新的就业岗位的方法，因此完全排斥儒家资本主义的做法并不正确。西方公司，尤其是美国公司，与东亚公司的一个区别就在于管理层对员工的态度。一般来说，美国公司制度的基础可以简化为工作＝薪水方程：员工承担特定责任，从而得到报酬。公司一般将聘用和随意解雇权视为保持盈利能力和竞争力的关键因素。在东亚的公司中，儒家学说渗透进了劳资关系中。人们对孝的关注超越了家庭，影响着其他单位和组织，现代企业也不例外。相比西方公司，管理层更有家长制特征：老板像父亲一样，尽管威严，但却像关怀子女一样关心员工。反过来，相比西方员工，东方员工对公司常常更加忠诚，更倾向在一家公司终生任职。

当然这只是总的概括。并非所有东亚公司都会善待员工。有些公司就曾经爆出用工丑闻。不过，东亚的高管和员工对相互之间的责任抱有的期望与西方存在差异。20 世纪后半叶的大部分时期，日本和韩国的大公司都采用终生聘任制。尽管受到全球竞争压力的影响，这种模式已经瓦解，但是模式背后的情感依然存在。在日本，大公司不公正对待员工，比如压榨员工、不关心员工福利，就会被公众称为黑公司。美国常见的大规模裁员在日本和韩国被认为是不恰当的办法，为社会不齿。

经济危机时同样如此。2008 年，华尔街金融危机导致经济衰退，美国公司大规模裁员。在地球的另一边，韩国锁制造商环球锁业公司创始人柳明浩看到美国的危机波及全球，也

245

很紧张。他充分认识到，他的销售额也会遭受重创。尽管如此，他针对手下的二百名员工，采取了不同的措施。柳明浩说："我们认为，即使陷入困境，也不应该裁员。"相反，他取消了流水线的夜班作业，将夜班工时分配给员工，并相应降低工时薪水。有的员工划分到研发新产品的团队或安排参加培训。柳明浩认为，在经济萧条的时候，把员工扔到大街上等于玩忽职守。他说，他的员工就像家人一样，作为家长——他这样称呼自己，他觉得有责任保护他们。他说："我们将员工当作家人。他们来这儿工作领薪水，不过事情不这么简单。他们也有家，你不能让他们受苦。你必须让他们感到公司就像他们的家一样。你必须让他们觉得是一家人。这样你才能在经济上成功。"

即使业绩下滑，柳明浩也坚持这一原则。2009年，环球锁业的销量大幅下滑三分之二，出现亏损。柳明浩只得借贷度日。他听说有些员工因为收入降低生活困难，就自掏腰包给他们发奖金。他说："遇到危机，如果你是董事长，你就要用自己的薪水补贴员工。"

美国的首席执行官们不会做这样的牺牲。但是柳明浩坚持认为，他的慷慨不光是行善，还是为了恢复业绩。1997年亚洲金融危机期间，柳明浩的公司由于损失严重，采取裁员的方式降低成本。但是经济复苏之后，他发现很多老员工由于不满公司此前的做法纷纷跳槽。由于招聘、培训新员工造成成本提高，柳明浩背上了沉重的负担。他希望在 2008 年经济衰退期间留住员工，情况会好些。他得到了回报，这次员工没有跳槽。由于他的团队完好无损、员工还开发出了可以投入市场的一系列新产品，危机一缓和，他的业务很快就复苏了。柳明浩说："儒家传统文化认为，集体智慧是社会的财富。"

柳传志则认为中国的商业实践不仅适用于柳明浩那样的小公司，也适用于庞大的跨国企业。他用自己的亲身经历证明这一点。柳传志是中国个人电脑制造商联想集团的创始人。2005 年，他完成对 IBM 的个人电脑业务的并购。这是中国企业迄今为止最大规模的海外并购。这次并购使联想成为中国第一个真正意义上的跨国公司，它的员工遍及全球，来自不同的种族，拥有不同的信仰、背景。随后他退出公司的日常管理工作。时年六十一岁的柳传志认为，最好让年轻的经理人管理这家新企业，并且人选不限于中国经理人。他认为，尽管他的联想团队在国内成就卓著，但却缺乏管理跨文化、跨地域公司的全球经验。起初他聘任 IBM 的高管担任首席执行官，后来又任命美国个人电脑业务从业者威廉·阿梅里奥为首席执行官。

然而，四年之后，柳传志被迫停止半退休的生活，重新出山担任联想的董事长，并任命中国同事为首席执行官。公司的市场份额和盈利能力不断下滑是柳传志重返联想的原因。柳传志说："联想是我毕生的心血。它像我的生命一样受到了威胁，我必须站出来保卫它。"

247

联想业务下滑的原因显而易见。由于国际业务的重点是向企业客户销售电脑，联想错失快速增长的个人电脑消费市场。阿梅里奥和他的经理人制订了改组业务、利用这一市场的计划，但是却无力执行。柳传志认为，他们的困难来源于联想高级管理团队内部的文化冲突。柳传志解释，阿梅里奥采用经典的 MBA 方法进行管理：首席执行官主导决策，并与不同业务部门的主管共同执行。柳传志认为，这种方式不太适合中国公司。柳传志解释说："比尔面临的形势非常复杂，联想的管理层是来自不同文化、不同国家的不同团队。使用经典方法很难真正调动或激励这些团队完成目标。"

柳传志一回来就采用他所称为的联想之道改革管理体系。柳传志不但没采用阿梅里奥的方法，还建立了以集体决策为基础的制度。首席执行官提出战略构想，交给为数不多但组织性很高的高管进行广泛讨论，然后他们会定期开会实施计划、检查进度。柳传志说，联想之道比标准的管理技巧更谨慎、更周密。

柳传志的联想之道也可以简称为道。尽管他坦承对儒家思想所知不多，但是他的管理风格，尤其是他对团队和谐和重要性的重视，都反映了圣人的思想。柳传志解释说，建设强大的领导团队的最高目标是：第一，用集体的智慧和力量研究、制定战略；第二，保证战略的切实执行。且仅在战略在领导层内部达成共识时，才能得到保障。柳传志接着说，首席执行官必须主导全局，但也要随时听取高级管理层的异议。柳传志说："领导团队可以约束、平衡最高领导的权力。最高领导常常非常强势、好强。但是他真正需要的是听取不同意见，并心甘情愿地接受约束和平衡。因此，企业所有员工都会有主人翁的责任感。"柳传志为了实现他的想法，建立了由八名高级经理人组成的联想执委会，其中既有中国人，也有外国人。柳传志说："这一步是我们所迈出的第一步也是最重要的一步。执委讨论公司的整体形势和长期愿景。通过深入讨论和激烈辩论，执委最终达成共识，集体制定符合公司长远利益的战略。"

结果证明柳传志的想法有独到之处。经过几个季度，联想的财务形势开始好转，市场份额开始提高。到 2013 年，联想不仅扭转了局面，还在世界个人电脑市场上占据了第一的位置。

20 世纪晚期，重新评价孔子不仅局限于经济政策和公司战略领域。东亚的政治家鉴于自身的成功，也开始将孔子重新引入本地区的政治之中。儒家价值观在经济和商业领域引发了热烈辩论，它们对亚洲政治产生了或应该产生怎样的影响同样是一个存在更大争议的话题。

249

第九章

孔子：政治家

暴其民甚，则身弑国亡。

——孟子

李显龙为人敏感。这位哈佛大学的毕业生从 2004 年就开始担任新加坡总理，毫无疑问他执政期间获得了成功。在他的领导下，这个城市国家更加富裕，在竞争对手纷纷崛起的亚洲，保持了影响力。然而无论李显龙的履历和个人成就如何耀眼，他都无法避开国内外对他执政的议论。

他是李光耀的儿子。批评如影随形般伴随李显龙：他之所以成为国家总理其实不是因为他的才智，而是因为他的血统。新加坡政治制度的性质增加了这种批评的分量。尽管新加坡实行议会民主制，定期选举，但是它实际上是一党制国家。自新加坡 1965 年独立以来，李光耀联合创立的人民行动党就是执政党。尽管李光耀 1990 年辞去总理职位，但是他对政府仍保持着很大的影响力。

可以理解，李显龙会拼尽全力为自己辩解。2010 年，在访谈节目中，美国主持人查理·罗斯反复用裙带关系问题试探李显龙。李总理的辩解非同寻常：他搬出了孔子。李显龙对罗斯解释说："我们整个制度的建立基础是精英政治这一基本概念。如果有人质疑我不是总理的最佳人选，而是靠我父亲指定才当上总理，那么我的信誉和道德威信就会毁于一旦。首先，

253

你必须有高尚的道德，才能做正确的决策。这是儒家的基本原则。"李显龙接着说："实际上，如果他不靠资历，只凭靠关系平步青云，他就会失去天命。如果人们认为整个制度真的是虚假的，那么这种制度就应该倒台。它是不合理的。"

他的谈话值得注意。历经一个多世纪的批判和羞辱，现代东亚没有领导人敢用孔子说明政府和政策的合法性。而李显龙认为自己是君子，靠自己的经验、学识和品德拥有了如今的地位。李显龙表示新加坡以君子治国，政府是充满活力的儒家精英政府，只有学识最渊博、能力最出众的人才能担任高官，现政权具有执政的道德权力。李显龙不是唯一抱有这种观点的人。早在1982年，时任新加坡副总理、经济政策设计师之一的吴庆瑞就说过："孔子认为，除非政府掌握在正直的人手中，否则国家就会遭受灾难。在这一方面，人民行动党认同这种想法。"

君子治国属于新加坡的国家意识形态。1991年，议会一本关于新加坡官方国家认同原则的白皮书宣称，儒家思想与新加坡的关系更为紧密，西方舶来的政治意识形态无法与之相比。白皮书写道："正直之人（君子）有义务为人民服务、受人民信任和尊重，由正直之人治国的理念比西方尽量限制政府权力的理想更适合我们。"

新加坡精英治国的认同代表了至圣历史的又一个转折点。孔子再次现身东亚政界，对该地区的未来以及该地区与世界各地的关系将产生重大影响。

李光耀和他的亚洲价值观则处于孔子复兴运动的最前沿。他一手打造了代替西方代议制政府概念的儒家理念。他强调，亚洲各国社会是完全不同于西方的哲学和文化传统（儒家传统）的产物，拒绝西方的信仰——以一人一票的个人主义为基础的民主是人类最高形式的文明，具有普遍性，适用于所有社会，无论其历史、文化及世界观。李光耀称，孔子和西方民主天生不相匹配，儒家的治国原则更加优越。简单地说，李光耀在现代用儒家思想挑战西方基本的政治意识形态。

李光耀说对了很重要的一点。即使西方自由民主制最顽固的支持者也得承认，东亚各国社会拥有完全不同的政治历史，具有完全不同的哲学思想基础——儒家思想。当今儒家面临的问题是：这一基础在圣人眼中是什么样子的？几千年来，孔子和中国自上而下的帝制政权存在密切联系。过去一百五十年来，儒家政府形式受到了西方人权和民主思潮的冲击。从很大程度上讲，孔子在斗争中失败了——东亚的儒家王朝被革命、抗议和民主化的大潮淹没，在地图上消失殆尽。亚洲一些民主政体的支持者对孔子的倒台欢呼雀跃。他们认为孔子是不可救药的独裁者，声称亚洲人争取政治权利的唯一途径就是将他排除出政府。他们认为，新加坡李氏父子和东亚其他在政坛复活孔子的政治家威胁着本地区的自由和开放政治制度的未来。

不过，这不是全球化时代亚洲人对孔子政治思想的唯一解

255

读。其他亲民主的人士在孔子的言论中发现了民主的种子，他们辩称，孔子学说不是威权政府而是共和政府的基础。这种观点不同于李光耀的亚洲价值观，宣称孔子和民主政治完全切合，实际上，儒家先于西方提出了民选政府的概念。

这不是学术论战。孔子会成为推动民主化、人权和政治公开的力量吗？他会不会再次成为独裁的工具、新型帝制统治的理由？

要回答这些问题，我们必须重新钻研古籍，审视孔子关于有道政府的言论。我们的研究大多无法表明孔子是民主主义者。《论语》和其他直接与孔子相关的文献都没有记载可以说明他支持西方现代意义上的代议制政府。他从未呼吁举行选举或开设议会。尽管他为中国王侯的可悲行为深感悲痛，但他从未质疑过君主制作为政府形式的合法性和正确性。他理想中的国家存在等级制度，国王凌驾于万人之上。权力不是自下而上，而是自上而下。

除了政府的实际结构，孔子还质疑过民主政治的基本精神。代议制政府的思想基础是人人生而平等；人民选举领导最符合社会利益，即，普通人有能力自治。孔子对此毫无信心。他担心，大众教育水平低、道德操守不高，不能为自己或社会制定政策。孔子曾说过："民可使由之，不可使知之。"在他的世界观中，并非人人平等，因此并非人人都有治理权。治理天下是博学、睿智的君子的特权，他们有知识、有操守，能够公正、仁慈地统治天下，并且他们有责任照顾那些不能自治的人。政府官员应当无私奉献，为人民牺牲财富与安逸的生活。孔子说："他对卑宫室，而尽力乎沟洫的人无间然矣。"在这里可以发现家长式儒家国家的原型，在这种国家中，统治者要像对待自己的家人一样对待大众。据《中庸》记载，孔子说，统治者的一个关键职责就是"子庶民"。

可以说，儒家社会的整个结构都是反民主的。因为所有关系都存在支配和从属成员，所以并非所有社会成员都拥有自由意志。儿子应该服从父亲；妻子应该服从丈夫。这限制了他们独立进行政治决策的能力。结果在社会中，有人得益于身份和社会地位而在公共事务中比别人拥有更大的权力和影响力。这就是为什么五四运动的作者和活动家普遍认为，儒家思想和民主水火不容。1916年，陈独秀写道："所谓名教，所谓礼教，皆以拥护此别尊卑、明贵贱之制度者也。近世西洋之道德政治，乃以自由、平等、独立之说为大原，与阶级制度极端相反。庞盖共和立宪制，以独立、平等、自由为原则，与纲常阶级制为绝对不可相容之物。"

在这种等级制度之下，人们并不需要拥有西方民主制之下人们所拥有的权利。追求个人利益被认为无益于社会。因此每个人在社会中要扮演预定的角色并履行相应的义务。这就是为什么孔子被问及政府时会说："君君，臣臣，父父，子子。"在以这种关系为基础的社会中，子这种个体，没有自由言论和行动权。因此，有学者提出，孔子不支持言论自由、结社等被认为是西方民主政治基础的公民权利。美国第三任总统托马斯·杰斐逊认为，在孔子的世界中，人民没有不可剥夺的权利，只有不可剥夺的责任。如果父母、丈夫、统治者未能履行儒家的义务，那么社会就会陷入混乱。

总之，孔子认为社会的利益大于个人自由。美国政治学家塞缪尔·亨廷顿写道："儒家思想强调集体大于个人、权威大于自由、责任大于权利，因此具有固有的非民主或反民主性质。此外，儒家社会缺少不受政府侵犯的权利的传统；以至于即使存在个人权利，它们也是由政府赋予的。"林肯在葛底斯堡演讲中发出了振聋发聩的声音："民有、民治、民享政府。"孔子的完美政府是民享政府，但却不是民治政府。

然而因此认定孔子必定支持独裁也过于草率。他也许不提倡民主，至少不支持现代西方意义上的民主，但是他也不喜欢独裁统治。相比武力，孔子更青睐道德的力量。在儒家体系中，虽然君主被赋予了无上的权威，但是他们并没有绝对的权力。他们既不能肆意妄为，也不能谋取私利。孔子关于政府的思想就是关于限制权力的思想。即使帝王也受到礼和德等君子准则的约束。所有人，上至君王，下至普通农民，都受到天道的束缚。普通人没有肆意妄为、随意说话的自由，但是帝王将相同样没有这种权力。统治者倘若不遵循道，就必须纠正自己的行为，否则就会丧失权力。前文提到，孔子认为对失礼或暴虐的君主，大臣有进谏的义务；如果大臣不这么做，就是玩忽职守，君主和国家就会发生灾难。有诸侯曾问孔子，有没有一句话可以概括国家毁灭的原因。孔子答道："人之言曰'予无乐乎为君，唯其言而莫予违也。'如其善而莫之违也，不亦善乎？如不善而莫之违也，不几乎一言而丧邦乎？"从孔子开始，儒家针对不好的政策和残暴贪婪的君主有悠久的进谏史。孔子一生多训斥采取自私的、弄巧成拙的措施的诸侯。质疑权威以避免权力滥用、保护人民并为国家制定最佳政策的思想是民主政治的基础之一。

此外，孔子认为，除非率先垂范，否则统治者别指望人们能够遵纪守法。他说："其身正，不令而行；其身不正，虽令不从。"统治者也应该以最高标准要求王侯将相。鲁哀公问孔子如何赢得子民的爱戴，圣人答道："举直错诸枉，则民服；举枉错诸直，则民不服。"

孔子也谈到，假如统治者真的仁慈，政府就不需要法律和监狱。孔子认为，人民免于牢狱、罚款等惩罚，就能举止得体、报之以德。孔子说："道之以政，齐之以刑，民免而无耻；道之以德，齐之以礼，有耻且格。"在孔子眼中，治国只需要德。《中庸》讲道："君子不赏而民劝。不怒而民威于铁钺。"孟子也提出过相似的论点。他说："以力服人者，非心服也，力不赡也；但是，以德服人者，中心悦而诚服也。"统治者以武力控制人民就说明他失败了。一位官员曾问孔子，他是否应该杀尽不遵循道的人。孔子明确指出，如果统治者自己遵守道，这种激进的行为就完全没有必要。"子为政，焉用杀?"孔子回答，"子欲善，而民善矣。"据《论语》记载，孔子坚决反对死刑。他说:"不教而杀谓之虐。"

孔子所说的话还蕴含着更有意义的意思:权力来源于善行和德行，并非简单地靠头衔和爵位继承而来。更重要的是，权力不应该靠武力维持。专制政权靠施行高压统治，依靠防暴警察、私设法庭以及严刑峻法维持统治。但是，孔子认为真正的权威并不靠高压维持。统治者遵守德行标准，人民就会心甘情愿服从。

孔子认为，国家也不应该主导社会的方方面面。前文提到叶邑一个年轻人举报父亲偷窃的故事。针对这件事，孔子认为，家庭责任高于国家法律。这证明圣人不同意盲从政府。这就是为什么韩非子这样的法家认为孔子学说不仅不能加强国家权力，还会危害国家的原因。孔子认为，社会稳定繁荣的基础不是政府而是家庭。美国学者弗朗西斯·福山评论说:"儒家思想不是自上而下，而是自下而上地建立井然有序的社会。"

现代支持孔子的人进一步阐述了这一观点。在他们眼中，孔子是忠诚的民主主义者。20世纪，随着西方政治思潮传入中国和朝鲜等亚洲国家，亚洲一些思想家和政治家坚持认为孔子和他的弟子宣扬的哲学为东亚的民主政治奠定了基础。

其中最有影响的是孙中山，不管是共产党还是国民党都将他视为现代中国之父。1911年帝制倒台之后，孙中山参与创建了中华民国并担任总统。孙中山坚信，播撒现代民主政治种子的不是西方，而是中国古代的圣人。他写道："依我看来，中国进化比较欧美还要在先，民权的议论，在几千年以前，就老早有了，不过当时只见之于言论，没有形之于事实。民权言论的发生，在中国有了两千多年，在欧洲恢复民权，不过一百五十年，现在就风行一时了。"孙中山特别强调："两千多年前的孔子、孟子，便主张民权。"

当代支持者在儒家思想中发现了主权在民思想的基础。从宣扬精英统治和等级制度的哲学思想中引申出这种观点似乎有点诡异。不过，儒家典籍中确实有记载，暗示统治者治理国家必须征得人民的同意，并且普通人有选择政府的最终权力。在《论语》中，孔子建议，百姓要发挥约束政府的作用，保证政府施行健全的政策。他说："斯民也，三代之所以直道而行也。"其他典籍更直接地指出了政府的合法性与大众认同的关系。《大学》告诫："道得众则得国，失众则失国。"

最有力的证明来自孟子。他更加详细地阐述了统治者和被统治者的关系。孟子明确指出，通向权力的唯一途径是得到百姓的支持。他说："民为贵，社稷次之，君为轻。是故得乎丘民而为天子。"还有一次，有人问孟子，君主如何统一天下。孟子说，如果他能以德治国，"天下莫不与也"。

孟子也暗示，统治者没有选择继承人的权力——上天指定

261

君主；上天指定受百姓拥护的人为君。孟子说："天子能荐人于天，不能使天与之天下。"孟子以古代权力移交为例，解释说，"事治，百姓安之，是民受之也。天与之，人与之。"孟子指出，祸害人民的君主会丧失民心并被人取代。孟子警告说："暴其民甚，则身弑国亡。"

虽然孟子暗示人民有选择政府的权力，但是不幸的是，典籍对人民如何行使这一权力却含糊其词。人民是消极应对——上天根据百姓的意思指定，还是积极行动？换言之，人民能不能扶立或废除统治者？孔子拒绝参与推翻领导人的叛乱表明，他认为人民只能改善现有领导体制或现有的政府形式，支持明君，摒弃昏君，但是不应采取激进的政策更换君主。不过孟子主张走强硬路线。在他眼中，暴君已经丧失统治资格。因而，把他赶下台，甚至杀死他不是叛乱，而是替天行道。齐宣王问孟子，大臣是否有权处死君主。孟子的回答非常犀利："贼仁者谓之贼，贼义者谓之残，残贼之人谓之一夫。闻诛一夫纣矣，未闻弑君也。"

孙中山将孟子的论点解读为：儒家认为，人民有权推翻无道政府、罢黜暴君。他认为，这种观点出现的时间早于西方。他写道："孟子已经知道君主不必是一定要的，已经知道君主一定是不能长久的，所以便判定那些为民造福的人就称为'圣君'，那些暴虐无道的人就称为'独夫'，大家应该去反抗他。"由此可见中国人对于民权的见解，在二千多年以前，已经老

262

早想到了。韩国民主斗士、总统金大中赞同这一观点。1994年，金大中写道："中国哲学家孟子宣扬类似的思想的时代比约翰·洛克早近两千年。君主是'天子'，上天授权它的儿子施行有道统治，即维护人民的利益。如果他昏庸无道，人民有权以上天的名义起义并推翻他的统治。"

然而，这些辩论产生的唯一明确的结果是无法阐明孔子的民主观。不过到19世纪，人们几乎普遍认为儒家思想是威权主义学说，与帝制密不可分。民主政治的拥护者无法忽视的是，在历史上，儒家不仅心甘情愿参与构建中国的帝制政府，还通过创立意识形态和撰写书籍说明其合法性。从公元前2世纪的董仲舒和汉武帝开始，到宋代，再到公元10世纪以后的王朝，即使朝廷越来越集权、越来越专制，主流儒家学者还是甘愿充当国家的工具，积极参与政府管理。虽然并非所有儒家都是盲目的官僚或趋炎附势者，很多人像孔子一样借自己在朝堂中的影响力进谏帝王，甚至为之付出很大牺牲，但总体而言，他们确实不主张激进的政治变革。儒家继续与帝制政府合作，而后者虽然将孔子尊为至圣，但在实际中却藐视他的训诫。

这不禁使人想免除孔子为后世弟子借他的名义所做的一切而承担的责任。然而，从某种程度上讲，孔子的言传身教确实促使他的很多弟子与当权者合作。儒家受过良好教育的君子有义务从政。这种义务使他们不断在君主垂青与孔子伦理原则间寻找平衡点。儒家一般会效仿孔子的先例，从内部改革体制。

263

但是孔子和后世的儒家存在关键性的不同点。尽管孔子毕生都希望成为朝廷要员，但是他宁可不做官也不放弃原则；然而，在以后的千百年中，儒家缺乏这种不屈不挠的精神，因而会修改圣人的教义取悦帝王。一旦得势，他们会千方百计设法保住地位。

年复一年，儒家面临着艰难的抉择：要么服务政府，保住政治权力，即使政府偏离儒家理想；要么出于义愤辞官不做、丢掉高官厚禄甚至性命。1613 年，日本德川幕府的幕僚林罗山在一封信中提到了这种困境。林罗山觉得，他应该为他在幕府中的影响力以及他得到的特权生活感到幸福，但是他心中却没有这种感觉。他动情地写道："人们劝我服从那些并不理解我的能力和抱负的人；更糟的是，我这样做了。我想效仿儒家的圣人。但是，这样做要求我的行为要符合信仰，而我却做不到。这种矛盾让我心力交瘁。"他知道，孔子会建议他为了自己的良心而放弃官位，但是林罗山坦承，这不现实。"我饱读圣贤之书。我知道这是他们的意思；而我却无法忍受这种做法。但是，我赡养父母和对朋友、兄弟的义务让我别无选择。事竟至此。"不难想象，中国、朝鲜和日本其他高坐庙堂之上的儒家内心也一样矛盾。做官的儒家越多，儒家思想就愈加职业化，他们也越难在谋生和儒家伦理戒律之间做出选择。

儒家不仅是心中充满道德矛盾的官僚。他们还不断修改教义，称他们所做的阐释都是孔子的想法，从而加剧了他们的困境。宋代以朱熹集注为代表的儒学复兴运动也提出了新的政治思想。在 20 世纪初期帝制时代结束以前，这种思想帮助塑造了中国历代王朝。理学家研究政治理论的动机和孔子相同，都是为了使混乱的社会恢复秩序和稳定，以及通过道德感化建立有道政府。不过，经过他们改造的学说为企图加强中央集权的帝王提供了思想幌子。理学家通过研究历史，发现稳定、繁荣的时代有强大的君主，衰败、萧条的时期伴随着中央政权的瓦解。他们认为，中央丧失权威不是因为帝王缺少维护权威的实权或法律，而是因为帝王道德发生滑坡；因此，恢复稳定需要重建道德。不过，在思考这一问题时，理学家提高了帝王的地位，赋予了他特殊的角色：他不仅可以带来和平，还可以影响宇宙的运行。

地位的提升也带来了更多责任。根据理学理论，帝王能够决定人类历史进程。他品德高尚，和平、美好的时代就会到来；他贪得无厌，世界就会发生灾难。朱熹解释说："天下之事其本在于一人，而一人之身其主在于一心。故人主之心一正，则天下之事无有不正；人主之心一邪，则天下之事无有不邪。"朱熹认为，所有人，包括统治者，体内都存在两种对立的力量——自私的天命之性和无私的气质之性。一个人有怎样的行为取决于哪个性胜出。帝王体内的斗争具有宇宙意义。朱熹在写给另外一位学者的信中写道："其结果决定了天下之治乱安危。"

265

理学家在提出这些宏大的观点时，也敦促百姓敬重、服从无比重要的帝王。这对保证世界安宁至关重要。理学大家程颐强调："太阳君也，保民之道以尊王为先。"程颐的一位弟子则做了进一步说明。他写道："如果你想保卫国家，你必须尊崇上天的旨意；如果你要遵循上天的旨意，你必须先尊崇你的统治者。"儒家学者胡安国在他的重要著作《春秋传》中写道，尽管孔子也相信圣君，但是他从未给予统治者如此高的地位。

　　后世的学者变本加厉。明朝（1368—1644年）初期的儒家思想家刘基写道，他的目标是施行救时之政，明法度，肄礼乐，以待王者之兴。王者应该领导中国社会的彻底变革，开创新黄金时代。刘基写道："圣人立教，因其善端而道之，使之引而伸之，触类而长之，生之者天地父母，而成之者君师也。"不同于其他不赞同高压政治的儒家，刘基认为，中国古代圣君只靠智慧和美德控制国家的想法不切实际。如果统治者要消灭恶势力，鼓舞人民的精神，就不可避免地要使用武力。除此之外没有任何方法让腐朽、蠢笨、自私的百姓看到光明。儒家学者宋濂也主张这种观点。他认为，人皆暗劣，必须用一切必要手段加以净化。他谴责官员任何形式的腐败和谋私行为。宋濂在他的著作中提到一则朝廷官员假装节俭取悦皇帝的故事，皇帝后来撞见他们大摆宴席，把他们都处死了。他对此大加赞赏。

　　这种思想给儒家永远打上了专制主义支持者的标签。现代政治史学家傅正元辩称，宋朝理学认为臣民从属于统治者的关系必须是绝对且无条件的，因此，自宋朝以来的专制强化从很大程度上讲与理学密不可分。同时，刘基和宋濂的著作明确表明，到明代时，儒家思想和专制已不可避免地纠缠在了一起。并非所有学者都赞同这一观点。历史学家 A.T. 伍德认为，尽管理学家支持加强中央集权，但是中国帝制成为专制制度并不是他们有意为之。尽管他们敦促百姓服从皇帝，但是他们想通过以道德约束皇帝的方式达到限制皇权的目的。

不管理学家怎么想，他们对权力使用和滥用的理解都是天真而危险的。一旦他们给予皇帝这种责任和威望并命令人民遵从皇帝，他们实际上就再也无法制衡他或要求他坚持儒家道德原则。理学家思想上的缺陷直接继承自孔子，导致了错位的信仰：统治者拥有才智、能力、意志和骨气去行使儒家赋予他们的无上权威为人民谋福利。事实证明，中国的执政者往往会辜负儒家的信任，常常滥用儒家原则为自己的狂妄辩解。

1368 年明朝建立之后，儒家发现了这一点。明朝开国皇帝太祖朱元璋是中国历史上最野蛮、最残暴的领袖之一，与秦始皇一样实行高压统治。在明太祖的统治下，无数中国人遭到处决、肉刑或监禁。罪犯被砍掉手脚、割掉鼻子，甚至株连子孙。受害者中也有儒家。失宠的高级官员也会受到鞭笞甚至被砍头。惩罚常常被滥用。有次下雨两名太监没把鞋盖好，明太祖认为他们是在炫富，就施以鞭刑。明太祖觉得有位官员的奏章写得太长，也施以鞭刑。虽然明太祖为人野蛮，但是他仍然

267

认为自己是儒家的圣君，要履行提高人民道德水平、维护国家安宁的天命。1382 年，明太祖宣称："中正之道，无逾于儒。"同年，他对国子监监生讲话时保证："以孔子之道为教。"

显然，孔子的弟子们犯下了可怕的错误。一名暴君打着圣人的幌子残暴而专制地统治中国人民。在明朝建立前后，刘基和宋濂都是明太祖的心腹大臣。尽管难以确定他们对明朝皇帝有多大的影响力，但是皇帝的言行符合他们的思想：儒家圣君可以用一切必要手段铲除邪恶、宣扬道德。实际上，历史学家约翰·达德思研究明朝儒学之后提出："明太祖的暴政产生的原因必然可以理解为他真想将他所理解的儒家理论变成现实。"

明太祖说过很多极为符合理学理论的话。他从小父母双亡，目不识丁，后来成长为无情的义军将领，并最终夺取了政权，不过他称帝之前已经自学了相当多的儒家典籍。他写了很多文章和布告，解释自己的身份——不是凶残的专制君主，而是担负着拯救世界、教导人民正道（或他所理解的道）的帝王。明太祖解释时口气诡异，极像朱熹。他说："人君主宰天下，辨别邪正，一察是非，皆原于心。心有不正，百度乖矣。正心之功，其可忽乎！"君主推卸责任就会失去天下。太祖的一篇文章写道："若非天生人君以育之，又何言斯民之有哉？若非持纲守纪而安善良，则良善慌惚而弗宁。若罚恶之道不果而不罪不悛者，则将何以育斯民者乎。故制以斧服以衣天子，取断以示政，安斯民于仁寿之乡。"明太祖希望臣民遵从他的教导，以报答这种宝贵的服务。他宣称："事君之道，惟尽忠不欺。"

后世儒家所犯的最大错误就是有选择地遵守孔子的建议。不难想象，圣人不会赞同明太祖的妄杀行为。前文提到，孔子终其一生，宁可固守贫穷，也不愿在他认为不守大道的政府为官。明朝的儒家大多因为要养家糊口、保住地位，做出了相反的选择。孔子穿越到 14 世纪末，会失望地看着这些儒家的变节者，然后对他们说起他对弟子所说的话："天下有道则见，无道则隐。"

我们接着看现代的新加坡。李光耀和他的儒家精英同人——君子用于治理新加坡的亚洲价值观是植根于儒学的吗？从某种程度上讲，李光耀坚持的确实是儒家原则。他遵循儒家思想，关心人民的经济利益；他坚信儒家以身作则的领导理念。他建立的政府勤勉、廉洁，忠于公众利益，从一定程度上他通过以身作则管理政府。

但是孔子对政府领导的要求不仅是高效。圣人不仅重视政策的结果，还注重施政的方法——国家的治理方法与成就同等重要。前文提到，孔子认为，有道政府的基础是德，而真正的儒家领导者统治天下靠的不是武力，而是仁。要看新加坡的执政精英是否达到了儒家这个更为苛刻的要求，我们需要更深入地研究新加坡的内在治理机制、李光耀执政的意识形态基础以及它与孔子治国观和人权观的异同。

李光耀从剑桥大学毕业之后回到新加坡，与志同道合的新

269

加坡人共同创立了人民行动党。英国赋予新加坡一定的自治权之后，1959年新加坡举行大选。刚成立的人民行动党经过激烈争夺掌握了政权，李光耀被任命为总理。1965年，新加坡完全独立。新加坡定期举行大选，但是人民行动党从未受到过任何挑战，常常获得议会的几乎所有席位。媒体、集会、言论受到管控，反对势力无力抨击李光耀及其政党，也不可能在选举中竞争议会席位。记者权利机构记者无国界组织2013年发布的媒体自由指数显示，新加坡在179个国家中位列第149位，落后于普京治下的俄罗斯和穆加贝执政的津巴布韦。据称，支撑人民行动党统治的是发达国家中最为严厉的刑法。鞭笞是最常见的刑法，即使轻微犯罪也要受到鞭笞，而且新加坡是世界上支持死刑的国家之一。联合国2009年的一份报告估计，新加坡的人均死刑率在世界上名列第五。

李光耀的这些政策也受到越来越多的批评。韩国前总统金大中曾批评说，新加坡几乎是集权主义的警察国家，它严格限制个人行动，社会控制十分严酷。不过，李光耀并不这么认为。在他眼中，他的手段虽然残酷，但本意是好的。他认为，没有他的铁腕政策和他的指导，新加坡的公共福利就无法取得在他领导下所取得的巨大的成就。他辩称，开放、民主不能指明迅速发展的方向，也无法落实相关政策。1992年，李光耀在演讲中表示："除了少数国家，民主并未为新兴发展中国家带来廉洁的政府。由于政府未带来发展所需的稳定和秩序，民主也未带来发展。"李光耀接着批评西方民主存在根本性错误。他说:"它假定人人平等并且应该平等。但是人人平等现实吗?如果不平等,那么坚持人人平等一定会导致退步。……民主的弱点在于人人平等、人人有能力为公共利益做同等贡献的假设存在缺陷。"李光耀甚至认为,美式民主的基本原则人人拥有不可剥夺的权利,十分危险。他认为,如果把个人的权利放在首位,就会损害大众利益。个人对人权、自由和幸福的追求导致道德沦丧和自私自利,是美国社会弊病的根源。1994年,李光耀表示:"我发现美国社会有些东西完全不可接受——枪支、毒品、暴力犯罪、流浪、有伤风化的行为。总之,就是公民社会的解体。守不守规矩因个人喜好而定的个人权利在扩张的同时损害了社会秩序。"

李光耀认为,君子是受过良好教育的精英,拥有管好国家事务的知识和智慧;政府在他们手中能取得更大的成就。在他看来,政府成功靠的不是政府的结构或程序,而是执政的人。"如果执掌政府的人不好,政府会好吗?"李光耀1994年在议会的演讲中问道,"美国的自由主义者认为只要有三权分立这一好的政府制度,政府就会好;即使软弱或人品不怎么好的人通过选举上台执政,政府也能好。……我在亚洲的经历让我得出了相反的结论。政府必须由好人执掌,才会好。"李光耀认为,这些好人应该根据社会整体利益决定其他所有人的利益。李光耀曾经说过:"我可以毫不留情地说,如果我们不干预个

271

人事务——你和谁比邻而居、你怎么生活、你有没有制造噪声、你怎么吐痰以及你说什么语言，我们就不会有今天的地位，我们也不会取得经济成就。我们决定什么才是正确的。不要管人民怎么想。"

李光耀进一步论证他的观点，声称受儒家思想影响，东亚人民不喜欢西方鼓吹的多党民主制，而更青睐不自由的治理形式。他辩称，受亚洲文化价值影响，东亚人民将社会利益置于个人利益之上，因而认为国家的安宁和秩序比任何个人利益都重要。李光耀说："在东亚，人民的目的是建立井然有序的社会，让所有人充分享受自由。"他还说，"这种自由只存在于有秩序的国家，在自由民主制所创造的充满争论、无政府的自然国家是不存在的。"李光耀断言，西方的民主政府与儒家社会格格不入。1991年，他在演讲中解释说："亚洲国家构建政治制度不会也不能简单地以美国、英国以及其他西欧国家的宪法为蓝本。亚洲各国人民要求有秩序的社会和更高的生活标准。他们要求更多可供选择的生活方式、政治自由，也同样要求符合社会利益的生活方式和自由。……新加坡任何领导都不会让政治理论凌驾于对稳定和有序进步的实际要求之上。在这一点上，我认为，即使我代表不了今天所有的亚洲人，但是也代表了大多数人的观点。"他辩称，如果亚洲试图模仿西方的政治模式和社会制度，亚洲各国社会就会腐朽和灭亡。他曾在1988年说过："如果我们不注意局势的发展，继续不加限制，放任西方化发展，那么我认为，我们就要有大麻烦了。"

李光耀的思想对东亚以及其他地区的政治产生了巨大影响。他作为亚洲最重要的领导人之一，主张儒家制度可以代替西方代议民主成为更优越的治理形式和地区社会组织形式。新加坡巨大的经济成就支撑着他的立场，证明李氏的儒家制度在稳定的政治和社会制度环境中，能够切实提高人类福祉。李光耀的论点如今仍然在很多国家存在共鸣，中国模式的支持者参照李光耀的观点，用来证明现有体制更适合中国。风险投资家李世默曾表示："在中国的历史上，早在二千五百多年前，孔子就阐述了政治的目标。在当下的语境中，孔子主张的'小康'，就是国家和平、和谐、繁荣，法制公正，社会道德向上。……以此为标准来衡量，……在共产党领导下，中国迄今为止的发展成就为世界瞩目。"

批评人士则认为，李光耀如汉武帝以来的历代中国统治者和官僚一样，是借孔子为他的统治涂上仁的伪装。1995年，福山评论说："儒家并不支持威权主义政治制度。新加坡现政权曲解儒家传统，为干预性的、毫无必要的家长式政治制度辩护。"

谁正确呢？李光耀的亚洲价值观反映了孔子的思想——最为明显的是，他不相信百姓能够自治，以及他强调社会利益胜过个人自由。他像宋朝的王安石一样论证好政府要由好人执政。但是李光耀和以前很多自诩为儒家的人一样，都选择儒家思想

273

中对自己有利的部分，抛弃不利的部分。前文提到，孔子认为道德比武力更加强大，真正的圣君也不会使用严刑峻法治理天下。在孔子眼中，李光耀不应该使用死刑或其他恐怖手段维持统治。儒家的统治者也不应该害怕异见者——谏是有道政府的关键一环。孔子看到李光耀的政权存在死刑和鞭刑、打击反对声音、控制媒体，肯定会摇头以示不满。如果新加坡的大家长是真君子，这一切都毫无必要。

批评李光耀的人士同样质疑新加坡人儒家化的实际程度。李光耀认为人民坚持儒家价值观（或他所阐释的儒家价值观），但是李光耀的政策表明，他认为新加坡人并不完全信仰儒学。从1982年开始，政府就发起运动，用儒学教化公民。自从中国帝制时代结束之后，还没有政府如此执着地宣扬儒学。

李光耀开展这种运动有几个原因。新加坡经过井喷式的发展已经非常富裕，过去以迫切摆脱贫穷为目标和凝聚社会的口号已经过时了。李光耀认识到，他需要新原则为国家指引方向。同时，他越来越担心，随着国外资金和技术流入新加坡的还有危险的国外思想。李光耀和清朝儒家保守派一样，担心新加坡快速西方化会腐蚀孝、社会责任感等儒家美德。促进新加坡的儒家化可以抵御全球化带来的负面影响。

李光耀认为，防御邪恶思想的最好办法就是强化儒家家庭。1982年2月，他在演讲中阐述了品德教育和防止传统消亡的关系。前者指儒家教育，而后者则指儒家家庭价值观。他说，新加坡所面临的问题是：在美国和英国电视节目传播完全不同的生活方式的背景下，如何防止这些价值观遭到腐蚀。他哀叹，文化入侵已经给新加坡社会造成了不良影响。李光耀说："任何在儒家传统影响下成长起来的人都会以让年老的父母孤独凄凉地生活为耻。但是，新加坡的年轻人在电视上或在旅行中看到，这在西方很平常。"李光耀呼吁："我们的任务是，趁我们的小孩还能接受新鲜事物，向他们灌输传统价值观。这样，他们长大成人之后，就会树立牢固的传统价值观并受用终生。"

新加坡学校是儒家运动的主要目标。1979 年，时任教育部部长的吴庆瑞建议公立学校将品德教育定为必修课。儒学本来不在课纲之中，不过 1982 年，吴庆瑞根据李光耀的建议，增加了儒家伦理课。吴庆瑞表示，李光耀提出要求后，他几个晚上都没睡觉，彻夜思考该怎么办，最后，他决定课纲有必要增加儒学课程。他当时说："这个问题很棘手，但是我们要试试。"出于对新加坡多元文化（印度和马来少数族裔）的考虑，学校也开设佛教、伊斯兰教和基督教传统课程，学生和家长可以从中选择以达到吴庆瑞的品德教育要求，对大多数华裔来说，家长更希望孩子学习的不是佛教，而是儒学。

政府同时认为有必要设立向全国推广儒学的机构。吴庆瑞提议："设立依据时代变化解释儒学的学术机构，将新加坡建设为儒学研究的核心。"这段话与汉朝董仲舒给汉武帝的奏章惊人地相似。根据这一建议，1983 年成立的东亚哲学研究所，

275

负责通过研讨会、会议和报告等形式传播儒学。

成立研究所只是新加坡人儒家化大规模宣传运动的一部分。吴庆瑞说："儒学不会只限于新加坡学校的课堂。它将得到重新阐释，成为现代新加坡的个人行为准则。"媒体报道和电视节目铺天盖地地宣传儒家美德及其对新加坡的好处，对公众展开狂轰滥炸式的宣传攻势。新加坡的主流报纸《海峡时报》发表了一篇题为《儒家伦理对新加坡重不重要？》的文章，声称虽然西方擅长科学和经济学教育，"但是如果我们的儒家道德价值观出现断层，那将是无与伦比的损失。……儒家伦理的价值观有助于塑造理想的、受过良好教育的新加坡人。"

李光耀的儒学运动让新加坡人非常诧异。新加坡学者陈水华承认："很多观察家对复兴儒学迷惑不解。他们和新加坡的很多普通人受的都是英式教育。"运动的发展很快表明，新加坡人对儒学几乎一无所知。讽刺的是，政府官员必须向文化上本应处于劣势地位的西方学习，并利用学到的知识开发儒学教育课程。新加坡邀请了几位美国学者讲课、写文章，向大众普及儒家学说。

儒学运动耗费了大量资源，得到高调推广，但是最后还是失败了。儒家宣传攻势既疏远了印度和马来少数族裔，又没争取到多少华裔民众。很多学生在吴庆瑞的品德教育课上不选修儒家伦理，却选修佛教和《圣经》。1989 年 10 月，政府更改了课程。儒家伦理和其他宗教课程不再是新加坡学生的必修课程。东亚哲学研究所也进行了调整，研究领域扩大到了当代亚洲政治经济。它的名字也改成了东亚政治经济研究所（现在的名称是新加坡国立大学东亚研究所）。

不过，李光耀和他的幕僚不会就此认输。他们转向新议题——打造新加坡的国家认同。1989 年，新加坡总统黄金辉在议会发言中提出了这一观点。他提议："如果我们不想迷失方向，我们就应该保护各个族群的文化传统，维护体现新加坡人本质的共同价值观。"这是什么价值观呢？两年之后，政府在《共同价值白皮书》中体贴而正式地说明了五种价值。白皮书明确指出，这种价值观并非来自儒学。白皮书说："政府不能将儒学强加于非华裔族群。"不过，这五种价值观中有的听起来确实是儒学的价值观。尤其是家庭是社会的基本单元这一条实际上就是照搬的《论语》。另外一条，国家高于社会，社会高于个人也很容易理解为是儒家价值观。

白皮书的意图很明显，李光耀精心设计不同于西方公民权利理念的新加坡国家认同，借共同价值观加强他的亚洲价值观。报告说："亚洲和西方价值观的不同点主要在于平衡个人和社会的关系。整体而言，亚洲各国强调社会利益，而西方社会强调个人权利。"新加坡的未来在于继续加强这种观念。报告指出："新加坡是亚洲国家。它会永远把族群的利益放在个人利益之上。我们应该保护并强化这种观念。"既然亚洲价值观被认为比西方价值观优越，那么丧失这种价值观就会危害新加坡的全球竞争力。报告指出："全盘西化在亚洲没有成功的先例。尽管新加坡人说英语、穿西装，但是我们不是美国人，也不是盎格鲁 – 撒克逊人。如果经过较长时期，新加坡人和美国人、英国人、澳大利亚人没有了区别，或者模仿他们，我们就会失去相对于西方社会的优势，就会在国际上失去地位。"

孔子认为，政府的主要目的是服务人民。而政府究竟采取什么形式是次要的。儒学指明了通向民主的另外一条道路，一条不以舶来的西方思想为基础，而以亚洲哲学和文化为基础的道路。从这个角度上看，孔子和全球化的关系表明民主不受历史和地理条件的限制。

第十章

孔子：走向未来

孔子将指引中国走向未来。

—— 酒店经理郑万隆

拜！大典司仪命令道。叩！孔众下拜行礼。孔众是商人，也是孔子的后代——第七十八代孙。2011年9月一个炎热的上午，他来到北京孔庙纪念至圣诞辰2562周年。在孔庙的大殿上，孔众对着孔子的灵位深鞠一躬，然后将一个精致的黄色丝绸包裹举过头顶，放在灵位前，祭奠显赫的祖先。

几千年来，中国各地千百万人在孔庙中这样行礼。不过，这次典礼的举办具有特别的意义。就在几年前，孔众还从未在中国祭拜过孔子，至少没有这样公开过。假如是在猛烈批判孔子的时代，祭孔也许至少会让孔众蹲监狱。北京的孔庙曾是帝王祭祀孔子的地方，20世纪60年代曾遭查封。不过，如今孔众可以在首都的心脏按古礼祭拜孔子，他来参加祭奠是受到了政府相关部门的邀请。我们从中可以看出它对中国未来的重要意义。

孔子回来了。

孔子的故事漫长而曲折。而这一章最为出人意料，帝制时代的素王又重新坐到了中国的王座上。历经一个世纪的嘲弄和羞辱，不朽的圣人又得到了中国政府的支持，就像他受到汉武帝以来历代王朝的尊敬一样。中国学校的学生要背诵《论语》。

第十章
孔子：走向未来

孔庙得以修缮，中国官方媒体不时报道孔庙的祭孔典礼。在停办了一个多世纪后，孔众所参加的北京孔庙年度诞辰典礼在2008年恢复举办。2010年，政府甚至推出了一部根据孔子生平改编、由香港动作明星周润发主演的故事片。

中国如今不但不批判孔子，还努力拉近与他的关系。2013年，中国国家主席习近平踏上前往孔子的故乡曲阜的朝圣之旅。他参观了孔府。他对至圣大加褒扬。国家媒体报道了相关讲话："只要中华民族一代接着一代追求美好崇高的道德境界，我们的民族就永远充满希望。"北京举办的孔子诞辰典礼远不止是孔众的家事。地方政府官员及其他大员和孔众一样，轮流向圣人的灵位鞠躬。

孔众见证了孔子在当代中国所经历的波折。孔家人对自己的传统也怀有争议。小时候，孔众的父母从未向他提起过他的显赫身世。自从两千年以前朝廷赐给孔子后裔贵族称号以来，历代帝王对孔氏家族都恩遇倍隆。由于朝廷不断赐田，到清朝（1644—1911年）中期，孔氏家族已经控制了246平方英里的土地。曲阜的孔府也是由国家出资兴建的。难怪孔氏家族自称天下第一家，成了天下最大的地主。不过，地主是农民革命的主要目标。农民革命剥夺了孔氏家族的土地。家族成员流散各地。孔氏家族有人随败退的国民党军逃到了台湾，还有人像孔众一家在新中国过上了新生活。

起初，孔众的直系亲属过得很好。他的父亲孔德墉很早之前就离开了曲阜，后在北京学习音乐。中华人民共和国成立后，孔德墉在文化部下属的音乐研究所任职。但是，在 20 世纪 60 年代，随着"文化大革命"愈演愈烈，孔氏血缘开始给他带来了麻烦。孔众说："红卫兵当时喊的'打倒中国头号大地主'，就是说的我父亲。"1968 年，他的亲戚向红卫兵告密，说他们家还藏着宝贝。红卫兵来到孔众在北京的家里抄家。孔众的母亲把家里的珠宝慌忙塞进一个布袋，藏在了沙发的弹簧垫中。但是她没把垫子缝好，布袋掉了出来，红卫兵没收了所有东西。

他们一家被迫分开。孔众的父亲被送往湖北的劳动营，孔众、两个妹妹和他的母亲则在 1969 年到 1971 年被流放到了南方的江西。孔众的母亲每天要在劳动营的梯田中劳动很长时间。他和妹妹独自留在小房子里。孔众回忆："我当时 6 岁。在乡下，没有大人照看我们。妈妈早晨很早就去干活，晚上很晚才回来。那里没有学校。我有很长时间没有上学。"政府最后允许孔家回北京团聚。1979 年，孔众的父母移居香港，几个月后，他和他的妹妹也前往香港。

此时，孔众才了解到了他的真正血统。1982 年，他的父亲返回北京，见到了市长和新加坡总理李光耀。他的北京之旅显示出大陆对孔子的态度开始发生变化。孔众回忆：他回来之后非常兴奋。然后他给孔众讲了家族秘密。孔众说："他一点点告诉我们。他不想一下跟我们讲很多。人们还很害怕，不敢多说。他当时感觉不好受。时至今日，我的父亲也从没因为是

第十章
孔子：走向未来

孔子的后裔而感到自豪。我们心里还有阴影。"孔众受过"文化大革命"宣传，听到他跟孔子有血缘关系，也觉得不高兴。"人们说我一定很自豪。我说，不，我觉得丢脸。"他说，"我认为孔子是封建制度的代表。"

很多年之后，孔众才真正对孔子感兴趣。他在香港长大，当时香港还被英国占领，在那里他受到了西方文化的熏陶。他远离了中国历史和社会，对相关知识知之甚少。由于家族业务，他回到了大陆，一切开始发生变化。2001 年，他定居上海。如今他在上海经营医药企业，对故乡的态度开始转变。孔众回忆说："我开始和当地人出去玩，慢慢地，我开始受到中国文化的影响。有些东西值得我去学。我见到了很多艺术界和教育界的人士。这些人把我带到了文化领域。"

他对中国历史产生了浓厚兴趣，开始学习相关知识。孔众会见中国历史和哲学教授、在北京大学上传统文化课，每周六下午还和上海孔氏家族的人一起学习儒家典籍。孔众说，发现家族传统让他改变了很多。他说："我在商界曾经野心勃勃，总想着获得更大成功，就像上战场的士兵一样。但是现在，我不这么自私了。就算你有很多沙发，又能怎么样？你只能坐一个。我不那么贪心了。我不介意别人怎么看我。我对今天所拥有的一切感到开心。现在我明白了人生的价值。"

孔众和他的著名祖先以及孟子、董仲舒、朱熹等众多倡导儒学的人一样，希望中国现任领导人能够重视、推广孔子的智慧。他说:"这是中国历史上非常关键的时期。如今的问题是:我们如何正确理解儒学。这很重要。现在有很多解释。中国政府必须切实考虑这对年轻一代理解我们自己的文化和历史 —— 真实历史——的重要性。"他认为,离开孔子,中国也许就会失去文化根基。他说:"由于人民的务实态度和实干,中国成为了世界第二大经济体。人们对提高生活水平的期望本身没错。但是如果你只这么想,你就会失去精神、迷失自我。"

中国政府赞同这一观点。1976 年之后,中国政府对孔子的态度开始发生惊人的变化。邓小平成为最高决策者,他更注重实际。邓小平在"文化大革命"期间和孔子一样受到了批判。他和妻子一起被下放到偏僻的村庄修理拖拉机。但是邓小平很久之前就已经是中国备受尊敬的一位领导人了。他魅力非凡,绝不会一蹶不振。1973 年,他恢复了领导职务。在随后的五年中,逐渐巩固了在国内的权威。

邓小平接手的中国百废待兴。"文化大革命"导致国家凋敝。邓小平尤其对经济,开展彻底改革开放。邓小平向世界打开国门,鼓励自由企业,从而使中国经济取得令人瞩目的成就。政府执行以建设现代经济和致富为目的的实事求是的政策。

改革开放将贫穷、闭塞的中国改造成了崛起的经济大国。但是,经济成就也给邓小平和改革者们带来了政治问题——单凭经济成就不足以保证党的执政地位,还需要巩固政权的思想基础。

285

邓小平和他的继任者在孔子身上找到了某些答案。曾经为中国一切弊端承担责任的圣人又成为了指引中国走向辉煌未来的向导之一。

邓小平在经济改革之初，就着手复苏孔子。这项工作约开始于 1978 年。当时曲阜所在省份的山东大学开展了一项重新评估孔子思想的项目。两年之后，曲阜成立了孔子研究所。1984 年，政府组建中国孔子基金会，在国内外推广儒学。中国的理论家开始缓和对孔子的敌视态度，并将他的学说重新引入中国社会。例如，20 世纪 80 年代初，中国社会科学院教授李泽厚重新评价了孔子在中国历史上的作用，提出圣人没有那么邪恶。他认为，孔子不是以前认定的压迫农民的帮凶、邪恶的精英主义者，而是支持小人的人。1980 年，李泽厚写道："孔子反对残酷的剥削压榨，要求保持、恢复并突出地强调相对温和的远古氏族统治体制，又具有民主性和人民性。"李泽厚继续写道："孔子的一些学说非常有价值，不能再打压。"李泽厚写道："这种结构，对待人生、生活立足现世的积极进取，用实践理性的态度看待世界，重视实用轻视思辨。善于协调群体，在人事日用中保持情欲的满足和平衡，避开理性能力认识之外的鬼神，反对非理性的服从。孔子就这样成为了中国人的至圣先师，成了中国文化的代名词。"

到 20 世纪 80 年代末，中国政府的高层领导已经开始赞美孔子。1989 年在北京举办的圣人诞辰 2540 周年纪念活动上，邓小平的亲密盟友和主要改革者谷牧发表讲话，阐明了中国政府对孔子的新政策。孔子和传统中国文化不再被抨击为中国积贫积弱的根源。谷牧说："中华民族有悠久的历史和灿烂的古代文明，以儒家学说为主流的中国文化，在人类历史上曾经长期闪耀着绚丽多彩的光辉。"他说，现代中国可以通过向历史上的儒家学习，在未来取得更大成就。儒家学说不仅为中国古代社会的昌盛做出过积极的贡献，即使到了今天，它对于人类的生存和发展也仍然具有现实意义。他指出，目的是使儒家思想融入中国社会，实现国家发展。谷牧解释说："中国人民正在为实现社会主义现代化，为建设繁荣富强的社会主义国家而努力工作。为了实现这个目标，就必须建设和发展自己的新文化。建设和发展这样的新文化，需要继承、改造我们原有的民族传统文化。"

自世纪之交，中国政府开始加速推广孔子。孔子和他的学说如今已走出学术会议和国家基础层面的局限，定期向中国公众推广。孔子的名言警句出现在官方媒体的报道和中国领导人的讲话中。全国各地开始恢复祭孔大典。简而言之，孔子已经成为了政府思想文化宣传中不可分割的一部分。

不过，最大的问题是：千百年来中国历史上出现了很多版本的孔子，中国政府想复苏哪个孔子？谷牧1989年的演讲流露出了些许答案。他明确指出，全盘接受孔子是不可取的。他说："满足于过去，故步自封，或者藐视既往，否定传统，这

287

两种态度都是不可取的。正确的态度应该是，继承文化遗产中的精华，摒弃其中的糟粕。"儒家哪些思想对当今中国来说有价值呢？谷牧接着说："众所周知，和谐思想是中国传统文化中的一项重要内容。早在三千年前的西周末年，古代学者就阐发了'和实生物'的光辉见解。后来，孔子、儒家学派进一步提出了'和为贵'的命题。"

孔子和的思想成为中国领导人不断提起的主题，通过媒体报道和其他宣传渠道反复强调。2005年，中国领导人在讲话中告诉党内同志："孔子说过'和为贵'。"和的思想包含中国社会团结繁荣、在世界事务中扮演和平角色的承诺。

新加坡政治家极大地影响了中国政府对孔子的看法。中国吸取新加坡的经验：以儒家思想替代西方的自由和人权观的理念作为基础，融合现代化的市场经济和中国特色的政治制度。学者弗朗西斯·福山写道："中国不是建立在西方历史理论的基础之上，中国政府支持儒学复兴，是为了给现代中国提供一个正确的文化引导。"这些新儒家辩称，"中国并非一个尚未实现民主的国家，而是一个建立在有别于西方（但与之同样有效）的原则基础上的文明国家"。

有人称，中国政府真心希望在制度中融入儒家原则。当代美国儒学学者丹尼尔·贝尔和企业家李世默2012年写文章称："中国又成为了儒家式的贤能社会，只有最优秀、最聪明的人能够提高地位。"他们写道："过去三十来年，全中国最优秀的

288

学生只有通过教育制度中的严苛考试，才能踏上仕途（正如古代王朝一样）。他们入党、进入官僚系统，还要通过考核才能得到提拔。"他们说："考核制度使中国政府在制定、实施明智的政策方面，比西方的民主政府更有效率。在民主体制之下，选民只会根据一己私欲投票；而在中国，受过良好教育的官员为了人民利益治理国家。"贝尔和李世默得出结论：中国式贤能社会具有明显优势。中国政府建立了选择政治领导人的正确方法，符合中国文化、历史和现代要求。政府应该以此为基础，不能以西方民主为改革方向。

学者张维为更为激进，他称："中国政府选择儒家的和为指导原则，可以证明这种治国方法优于开放民主制。"张维为称："中国今天重新推崇这个儒家用来治理庞大而错综复杂社会时所信奉的和谐理想，拒绝西方的对抗性政治，并大力强调不同利益团体的共同之处，极力化解社会变革带来的各种矛盾。中国还会继续沿着这些理念演变，原因是这些理念明显可行，且大致符合人们的常识判断和中国自己独特的政治文化。这种文化形成于中国数千年延绵不断的历史演变，其间包括了二十多个朝代，至少七个朝代的历史比整个美国的历史都长。"

不过，贝尔、李世默和张维为都忽视了现代中国的现实。中国政府也认识到，某些政府官员远远不是贝尔和李世默所期望的公正、坚持原则的君子。腐败在中国已成为公众不满与愤怒的一个根源。腐败盛行是社会道德滑坡的标志。物质主义在

289

中国盛行，出现不少诈骗和各种商业丑闻。

两千年来，孔子一直是高尚道德的榜样，他的学说是君子的最高准则。近代的新文化运动和"文化大革命"削弱了孔子的影响力，推翻社会行为道德规范。

这是中国政府复活孔子的另外一个原因。政府希望孔子重返社会，再次成为国家的道德标杆。中国领导人认为，儒学经过革新的思想有助于消除政府中腐败猖獗和滥用职权现象。2007年，官方媒体《中国日报》撰文称："传统儒学认为，个人道德节气修养是诚实官员最基本的品质。正如传统文化对正人君子的道德节气要求一样，胡锦涛主席也要求官员工作和生活中保持正直、谦逊、勤奋、节俭和诚实的品质。"2006年，《中国日报》一篇针对商界的报道称：

> 任何社会建设经济都离不开道德基础。……应该指出，儒学没有过时，也并非无关紧要。《论语》讲过，君子反省自己的首要原因是他在与人交往中没有做到诚信、未能履行承诺。……道德体系确实对经济有莫大的帮助。……在法治薄弱，计划经济时代制定的很多法规又跟不上时代的背景下，很多人自然会回归传统学说。

为了向中国同胞普及孔子，刘和东担负起了职责。刘和东是中国孔子学院的相关负责人。中国孔子学院是非营利组织，接受政府资助，致力于通过讲堂和网络教学项目普及孔子。他的主要目标是中国企业。他认为，企业能够通过向员工普及儒学知识，促进儒学在全国的传播。学院就设立在北京孔庙庭院的亭外；马路对面是教室和其他设施。他认为，他的大学是模范机构，可供全国各大城市效仿。

在刘和东看来，孔子能够拯救现代中国社会，他的思想能够去除经济快速发展和对外开放的副作用。刘和东解释说："市场经济导致了很多问题。只关注经济利益导致价值观扭曲、环境恶化。所以政府才着手复兴儒学。"他接着说了一连串美德，孔子能够在现代中国社会中培养这些美德，革除中国经济改革造成的弊病。儒学倡导仁、义、智，教导人们自律、爱人、勤俭、保持良好心态、宽容以及自我牺牲。此外，儒学主张，我们不应只考虑眼下的需要，还要考虑长期的和子孙的需要。学习成为更优秀的人才是目的。我们要关心世界，关心他人，为后世子孙留下美好的东西。

刘和东表示："经过三十年的改革，中国社会缺少的是核心价值观。我们国家就像一名少年，骨骼和肌肉生长超过了精神的成长。结果，人们暴富而没教养。改革开放强壮了肢体；恢复核心价值观则会提高精神素质。复兴孔子的目的是培养普通中国人的文明行为，让他们成为文明的君子，别让他们只注重金钱和消费。"

有人担心政府对孔子重新提起兴趣是为了保持政治现状。

291

刘和东怎么看？他承认："这种态度有一定合理性。他们担心，政府会将儒学定位为官方信仰。我们目前的领导得考虑未来。儒学的价值在于它可以帮你用不同的方式处理与他人的关系。我的任务是帮助政府官员，在经济领域中培养人与人之间、政府和人民之间的互信。"刘和东谈到，强化儒学教育可以改变中国的精神面貌。他说："最终目的是在我们有生之年实现儒学的复兴，造福国家和世界。"

在世界范围内，中国政府也通过孔子促进对外文化传播。随着中国日益富裕，包括中国主要贸易伙伴美国和日本在内的很多国家已经开始警惕中国日益增长的政治、军事和地缘政治影响力。中国政府希望孔子能够缓和它与世界各国的关系。中国领导人希望通过突出孔子在西方的智慧及和平形象，改变中国对世界各国威胁的印象。他们把孔子树立为了国家象征。社会学家雷金庆教授评论："孔子和儒学已经成为了中国的'品牌'。"

中国政府的真正动机除了无私奉献精神，更有国际地缘政治的考量。中国领导人把孔子作为提高中国文化和社会影响力等软实力的形象大使。千百年来，儒学在东亚各国传播的同时也带去了中国王朝的影响力。如今，中国领导人希望借孔子的国际威望，在世界范围内重现这种影响力。其中目前最引人注目的国家项目通过世界各地的学术机构孔子学院，推广中国文化和语言。中国教育部的下属机构汉办是孔子学院的领导机构，为建立孔子学院的大学提供启动资金。

不过，孔子学院和儒学、孔子学说研究没有太大关系。它的项目以汉语教学为主。他们用更为传统的孔子将中国的经济实力转变为文化实力。中国政府宣称，孔子学院的活动仅限于教育领域。汉办的网站称，孔子学院增进世界各国（地区）人民对中国语言文化的了解，发展中国与外国的友好关系。

谷牧说，中国应该对中国传统取其精华、去其糟粕，其实是指中国政府希望恢复孔子学说（更准确地说是对学说的解读）中他们认为有利于现行政治制度的因素，忽略构成威胁的思想。尽管如此，在复兴至圣的过程中，中国领导人也许无法控制所恢复的孔了的版本。中国老百姓再次接触传统文化后，可能会在历史上产生的众多孔子中发现这个孔子：他向当权者进谏或要求统治者坚持有道政府的最高原则。

虽然中国有些人认为孔子对中国未来至关重要，但是他们眼中的孔子和中国政府宣传的孔子并不一致。在中国经济奇迹开始的地方——工业飞地深圳，儒学学者蒋庆已经设计了一套新型的儒家政治秩序。他的家在现代化大楼里，是间单元房，房中堆满了书籍。他滔滔不绝地介绍这种秩序。如同邓小平在经济改革中借鉴西方和亚洲其他国家的政策，创造有中国特色的社会主义一样，蒋庆的儒学思想也结合了至圣和西方的政治组织形式、信仰和做法，形成了新型的管理制度。蒋庆认为，这种制度最适合当代中国。蒋庆说："世界在变化。儒家理论

293

家需要与时俱进。"

蒋庆认为，要解决问题就要保持新旧、中外间的微妙平衡。在他看来，中国全盘采取西方的政府和社会思想会导致灾难。它们无法适应中国的儒家文化。蒋庆说："儒学即中华文明。唯一的出路就是复兴儒学。但是儒家也不应该痴迷过去。"蒋庆认为，儒学的复兴不能依靠原教旨主义运动，原因是这种运动恢复儒家旧习俗时脱离现代世界。蒋庆像19世纪充满争议的改革家康有为一样解释说："我们应该利用儒学的原则，选择西方和现代社会可接受的价值观。我们要反对两种倾向：独立于国外的中国文化；全盘接受西方文化。前一种是全盘否定，后一种是全盘接受。我们需要以儒学的基本价值观作为基础，吸取西方的某些价值观，构建新儒学。"

蒋庆将这一过程的衍生物称为以人道权威之道为基础的立宪儒家政治制度。这种制度的核心是三院制。其中一个议院为模范院，由著名学者领导，由熟读儒家典籍的学者提名的议员组成。与帝制时代一样，模范院的议员要通过严格考试和多年从政经验，证明自己的价值。另外一个议院是国家院，由孔子直系后裔领导，并由其他著名学者和官员的亲属组成。在最后一个议院，人民院的议员通过普选或代表不同职业的组织选举产生。

蒋庆认为，这种结构虽然有美国民主制度限制与制衡的特点，但又有重要区别。根据儒家传统，蒋庆坚信普通人做不出对国家有利的决策。他曾写道："民主的施行存在缺陷。政治决策归根结底是选民的愿望和利益。这导致了两个问题。第一，多数人的意志也许并不道德，也许会倾向种族主义、帝国主义或法西斯主义。第二，大众的短期利益和人类的长期利益出现冲突时，例如全球变暖，人民的短期利益会在政治上占据优势。"蒋庆认为，他的儒家立宪政府既允许百姓参与治理国家，又能发挥学识最渊博、品德最高尚的社会成员的监督作用，所以能够避免这些问题。模范院有否决其他两院决策的权力。这样，最有学问的人就能拒绝普选出的官员所做的轻率决策。

蒋庆表示，当今的中国应接受儒家文化并将它作为基础。如果想长期治理中国，必须仰仗儒家文化。不能只靠军队、警察和监狱作为治理工具。需要文化基础。

尽管如此，蒋庆表示，中国要克服目前的问题，就要深入复兴儒学，不能光靠几篇官方讲话。公众也必须接触孔子。因此，他建议政府借鉴康有为的观点，将儒学定为国教，建立孔庙，设立国家机构积极推广。蒋庆解释说："问题在于如何既重建政治制度又在大众中重建基础。政府可以创造条件，在普通大众中恢复文化基础，不过政府不能从事宗教事务。"

蒋庆觉得，中国不能离开大规模儒学复兴运动。他说："中国人民的生活和文化遇到了危机，前所未有的危机。自从中国向世界敞开国门，经济发展了，但中国的文化需要跟上并引领时代步伐，不能缺失衡量道德的标准。"

295

然而，蒋庆对别人是否听从他的意见，并不乐观。他说："在未来二三十年，我对我的思想是否能实现不抱希望，原因是儒学的重建仍然流于表面。一种思想的形成需要几代人的时间。重建儒学是个大工程。现在这一领域还是一片废墟。我现在做的是描绘蓝图，整体规划。绘制让所有人都接受的蓝图并不简单。重建儒学也不能只凭一己之力。"

不过蒋庆并不孤单。重新燃起对孔子兴趣的也不仅仅包括政府宣传机构和学术期刊。

中国政府的领导者日益接受孔子，针对中国古代哲学和宗教，采取了在人民共和国的历史上也前所未有的宽容态度。因而，有些中国人，例如孔子的后裔孔众，正在重新发掘儒家传统。社会处于不断流动之中，缺乏明确方向的指引，而且如蒋庆所说面临道德危机。在这种情况下，中国人没有转向西方，而是在历史和传统中寻找指引性的精神食粮。在这一过程，他们不可避免地重新认识了孔子。

在北京郊区的四海孔子书院，圣人的再发现方兴未艾。书院的创立者和院长冯哲按照老式的儒学教育，为书院的一百三十名（年龄三岁到十三岁的）学生安排了严格的作息时间。每天破晓时分，孩子们集体向供奉在墙上的孔子画像恭敬地鞠躬。接下来的三小时时间，他们深入学习儒家典籍。按老师做出的每篇诵读三百遍，直到能够一字一句背出来的要求，学生们朗读《论语》《孟子》《孝经》和其他典籍。自1949年以来，这种科举考试时代靠死记硬背学习典籍的方式就已经绝迹了。冯哲开设这个书院前，对中国古代文化有过探索。他大三的时候辍学，创办了出版公司，发行康德、黑格尔等西方哲学家的中文译作，以及其他外国书籍。1999年前后，他开始质疑自己的目的：为什么公司只出版外国著作，不出版中国哲学家的著作？当时，真正熟稔中国古典作品的中国人不是太多，毕竟几十年来，国内没多少普通人深入研修过相关作品。他找到几个上年纪的学者，向他们学习古代哲学，然后开始印刷儒家最重要的典籍和其他书籍，开始时出版中文版本，后来增加了英译本。

冯哲发现中国传统不只蕴含着商机。他通过阅读古代典籍，找到了解决现代中国所面临问题的方法。他认识到，中国社会缺少道德基础，而中国传统，更准确地说是儒家传统，能够在中国社会恢复道德和秩序。冯哲说："人民必须首先复兴文化，才能复兴中国。很多人行为不道德，所以人与人缺少互信。儒家思想中有最重要的处理人际关系的学问。中国要强大，就要面向所有人建设以儒家思想为基础的和谐社会。"2006年，冯哲意识到只出版典籍是不够的，因而建立了书院。冯哲说："我们坚信，文化复兴从小抓起非常重要。"

把孩子送到冯哲书院的家长同样担忧中国社会，认为只有孔子才能解决问题。在年轻的中国父母看来，孔子是解决当今中国弊病的良药。李晓华让十岁的女儿方木子从公立学校转学

297

到冯哲的学院上学。她希望她能打下中国古典文化基础。古典文化教导人们善待他人，做有道德的人。你不知道如何成为一名好人，对社会怎么会有用？毛然六岁的女儿在冯哲的书院读书。她认为学习儒学可以促进现代社会生活和谐稳定。毛然说："金钱被看得太重。你给孩子的最大的礼物不是金钱，而是精神力量。这样，孩子长大以后才会做正确决定。"

冯哲和蒋庆一样充满热情，但是他的声音淹没在了现代中国震耳欲聋的喧嚣声中，显得微不足道。在全国各地类似的书院层出不穷的背景下，他的实验并没有特色。相对于全国近十四亿的人口而言，如今接受传统教育的年轻人数量也微乎其微。不过，冯哲坚信中国文化的复兴正方兴未艾，而他在为这一事业添砖加瓦。他认为，中国越来越富裕，越来越自信，会从历史之中看到未来。冯哲说："孔子关于如何与他人相处、如何找到你在社会中的位置的思想会再次使儒学融入中国社会。"

史蒂夫·栾和朋友们也在研究孔子。他们的研究活动完全出于个人兴趣，无关政治、儿童教育和反腐。作为生活文化竹社的成员，他们每月前往位于北京熙熙攘攘的王府井商业街上的吴裕泰茶馆聚会，讨论中国古典哲学、文学，尤其是孔子和他的弟子。在周六早晨的一次会面中，十二个会员选择宋朝儒学活动家范仲淹作为讨论主题。他们轮流朗读范仲淹的著作，其中一个会员像古代吟游诗人一样朗诵。然后史蒂夫·栾介绍范仲淹、他的生平和对中国哲学的贡献。范仲淹是儒家改革家，心怀改革政府的伟大抱负，但和王安石一样，他的改革持续时间不长。他的经历显然在社里引起了共鸣。竹社的一位领导雷斌表达了他学习范仲淹著作的感想。他说："中国人民有理想，有好的想法，愿意努力实践。这让我觉得我在浪费人生。通过学习范仲淹，我有了追求的目标。"

史蒂夫·栾是一家金融服务公司的高管，雷斌是汽车企业商业协会的员工。他们通过演讲社团相识并成为朋友，后来发现彼此对中国典籍都感兴趣，最后于 2005 年建立了文化社。他们的动机非常儒家，即通过学习探索修身之道。史蒂夫·栾说："我认为，学习新知识、开阔眼界和提高知识水平很重要。"他用自己的话复述了孔子最著名的一句格言：你希望别人怎么对待你，就应该怎么对待别人。我将这句话铭记在心里。过去，我和妻子产生分歧时往往会吵架。但是现在我会控制自己，并试着满足她的需要。雷斌同意。他说："学习中国传统哲学帮助我处理个人生活事务以及我和家人、同事的关系，并帮助我的精神。中国文化让我更加宽容。我做事更理性，感受到的压力也小了。学习给我了智慧，帮我解决了问题。"

史蒂夫·栾和雷斌认为，西方文明虽然影响了中国，但不会改变中国的传统。史蒂夫·栾说："我认为，中国文化在精神上比西方更有营养。你学习知识，提高自己的修养，就能改变社会。"雷斌比较激进，认为现代中国的道德滑坡应该归咎于西方思想。如今，有的中国人冷漠，缺乏激情，不注重自我

299

修养。雷斌接着说："中国人崇尚成功，崇尚成功并不意味着自私自利。西方文化的狂轰滥炸容易使中国人迷失了自我。"

竹社的另外一个主要会员、酒店经理郑万隆哀叹，追赶西方的必要性迫使中国在某个时期放弃了传统。他说："中国感觉到了压力之后，开始向西方学习、采用西方技术，但中国需要很长时间才能找回失去的一切。"

不过，生活文化竹社仍然抱有希望。孔子认为，人必须先致富才能追求道。雷斌和他的朋友认为，随着中国摆脱贫穷，一切都会成为现实，他们引领的潮流会成为中国恢复传统的全国性运动。雷斌说："随着当前经济发展、生活日渐富裕，人民会关注文化。越来越多的人会加入我们的行列，促进文化复兴。"

谁会指引方向呢？郑万隆说："孔子将指引中国走向未来。"

寻找真正的孔子

孔子的家乡曲阜位于中国东部的山东省。曲阜附近没有大城市，加上20世纪的大部分历史时期孔子备受冷落，人们认为没有必要把前往曲阜的路修好，所以以前去曲阜非常困难。但是，如今中国政府正在推广孔子，因此把通往曲阜的路修得非常便捷。最新的京沪高铁在曲阜设站。坐着舒适的高铁，从北京到曲阜只要两个小时。孔子在中国复兴最明显的标志非曲阜时髦的火车站莫属。如今，北京的游客前往曲阜，到孔庙安宁的院落中祭拜圣人。

　　2013年夏，我也去了一趟曲阜。在我探索现代中国孔子的征程中，我认为只有前往他的家乡，才能更好地认识孔子。自从两千五百年前孔子开始在曲阜讲学以来，曲阜一直是中国儒学教育的中心。汉朝尽职的历史学家司马迁在调研过程中曾到访曲阜，发现很多学者聚居在这里，专心攻读典籍、钻研孔子的学说。自从政府正式解禁孔子以来，这个村落又重新建立了起来。

　　其中最著名的一位学者是段炎平。他是曲阜当地人，几乎毕生都在教授儒学。中国政府对孔子的态度开始缓和时，他才十岁。同年他开始阅读《论语》和其他儒学典籍，从此迷上了儒学。他在学习中发现了古代中国的智慧，他说，它帮助他树立了价值观。高中时，他每天读《孟子》读到半夜，因而荒废了其他学业，结果高考落榜。他在父亲的发电设备维修公司做了一名技术员。随着政府开始接纳孔子，他意识到遇到了重要的机会。他说："'文化大革命'时，没人敢提孔子。但是这种闭塞的文化态度不是百姓的意愿，而是外界强加的。'文化大革命'结束后，往日的回忆开始复苏，人们又开始谈论儒学。我定下了推广儒家文化的目标。"

为了实现这个目标，2009 年，段炎平在曲阜古城重建的城墙边的旧学校，成立了曲阜国学院，以向老百姓重新普及孔子为宗旨。学院有三十名寄宿生，每周上六天课。他们如同帝制时代准备科举考试的士子一样，每天背诵《四书》。除此之外，他们还学习书法和国画。教室的课桌上布满了毛笔滴落的墨迹。一个小房间里收藏着学校举办典礼用的红色和黄色长袍。

段炎平说，他的目标是培养新一代儒家学者，指引中国崇尚孔子之道。他告诉我："未来中国应该依靠儒家文化维持繁荣发展。儒家文化包含着很多智慧，能够提高全民族在世界上的竞争力。儒学的发展能更好地指导中国政治文化的发展。"尽管如此，段炎平不敢肯定孔子一定能胜利。随着国家越来越富裕，西方文化的影响力也越来越大。如果中国人选择西方，不选择孔子，国家就会衰落。段炎平解释说："美国的意识形态和中国人民长期以来所适应的心理状态并不吻合。"他认为，孔子能够成为抵御危险的西方思想的堡垒。他接着说："学习儒学能够提高中国人民的智慧，让他们更好地应对全球化。"

第二天早晨，我起床之后希望当天的会晤会提起我的精神。《论语》背诵厅坐落于曲阜著名的孔庙门外。背诵厅的负责人孔雷华，生于曲阜，是圣人的第七十六代孙。在背诵厅，游客可以测试自己的儒学知识，向指定的工作人员背诵《论语》的内容。背诵厅允许正确背诵三十句论语的人免费游览孔庙。我来这里的时候，曲阜市政府设立这个背诵厅已经有六周的时间，有三千人试过运气，其中高达 80% 的游客获得了免费门票。

与段炎平一样，孔雷华也认为，中国要靠孔子解决现代社会的弊病，尤其是弥漫于一些人中的拜金主义风气。孔雷华解释说："如今国人思想浮躁，尤其需要儒家思想。社会存在不文明的行为是因为人们有太多欲望。物欲难平。儒学要求人们的言行要有理性，符合道德。这就是我们倡导儒家思想的重要性。"

他说得很有道理。当下中国，有些人把金钱看得高于责任、义务和热情。当地官员明显非常希望孔子能够创造就业、发展经济。餐馆、出售字画和饰品的商铺以及其他和旅游相关的商业迅速发展。香格里拉酒店也在施工当中。当地的小饭馆宣传的孔家菜就是一些鲁菜，包括肉汁辣椒熏豆腐干和放着花生的

305

干得过分的脆煎饼。孔子也变成了巨大的商机，孔子非但没有抵消曲阜的物质主义，还助长了这种风气。

在与孔雷华的谈话中，我问他："如果越来越多中国人开始坚持儒家学说，情况会怎么样。"孔雷华断言：《论语》将有助于维护社会稳定和社会秩序。"他接着说，"法规也能起这种作用，但是维护社会秩序仅靠法律还不够，你还要借助传统和文化。"

我曾认为，孔子痛恨民主派、改革派和女权主义者，孔子支持帝制压迫、裹脚和专横的父母。但是现在，在我读过他的言论、研究过他的历史之后，我认为，中国人乃至我们所有人生活在有孔子的世界中将更加幸福。很久以前形成的学说和信仰都有不再适合现代社会的思想和习俗。如果我们严格坚持《圣经》，社会仍然会存在奴隶。印度教曾希望忠贞的妻子在丈夫火葬时殉葬。每种信仰都曾为违反教义的行为辩解。十字军以基督的名义滥杀无辜；而本·拉登则打着真主的幌子行凶作恶。尽管如此，我们不会抛弃《圣经》《古兰经》和《吠陀经》。梵蒂冈在历史上曾腐败、贪婪；它的恋童癖牧师曾逍遥法外。然而，我们不会摒弃耶稣和《福音书》。儒学也不例外。是的，孔子提倡圣君和孝子。千百年来，他的学说曾被用来说明专制政权的合法性。但是，这并不意味着孔子对今天的我们毫无价值。

我在为创作本书进行调研的过程中所认识的孔子能弥补中

国的缺失。这个孔子尽管远不完美，但是却代表着无尽的人道和毫不动摇的决心。他是一个宁可不要声望、财富、地位，也不愿放弃原则的人。他不会屈从无道之人的意志和残暴的政权。他生前曾当面直接告诉最有权势的人，他们是错误的。他评价人的标准不是财富和出身，而是信和仁。他会自嘲。他构想了一个这样的社会：人人尽责，将家庭和社会的利益放在自己的利益之上。他为了将饱受自私和战争折磨的世界改造为无私、和平的世界不懈努力。他认为，我们修身，社会就会完美。最重要的是，他认为，我们每个人投入时间和精力提高自我，就能形成改变世界的力量。

在漫长的历史上，孔子最大的不幸是他的声誉远远背离了他的意图。他被人批评倡导不公、压迫妇女、敌视个人自由、顽固支持专制。他的学说实际上也存在致命缺陷，比如他对人性毫无保留的信任。孔子衷心相信人天性善良，相信我们都努力修身，还相信我们想成为光荣、正派、睿智的人。他的整个学说都构建在这种信任之上。在他一生以及此后的两千五百年中，人类一次又一次辜负了他。孔子的悲剧在于，那么多人信誓旦旦坚持他的梦想和使命，但又一次次辜负他的信任。他们至今仍然如此。

不过，也许未来一代中国人或他们的子孙后代学习《论语》后，得到的不再只是一张旅游景点的免费门票。我们希望，他们读过圣人古老的格言，会发现他们自己的孔子，一个对他

307

们具有特殊含义的孔子，一个解放他们思想的孔子，一个脱离口号和狭隘目的的孔子。

也许他们会为新时代创造一个新孔子。

图书在版编目（CIP）数据

孔子改变世界 / (美) 迈克尔·舒曼著；路大虎，
赵良峰译. -- 北京：中国青年出版社，2020.7
书名原文: CONFUCIUS And the World He Created
ISBN 978-7-5153-6080-5

Ⅰ.①孔… Ⅱ.①迈…②路…③赵… Ⅲ.①孔丘
（前551-前479）－哲学思想－研究 Ⅳ.①B222.25

中国版本图书馆CIP数据核字(2020)第121711号

图字：01-2015-7879

CONFUCIUS: And the World He Created
by Michael Schuman
Copyright © 2015 by Michael Schuman
Simplified Chinese translation copyright ©2015 by China Youth Press
Published by arrangement with Basic Books, a Member of Perseus Books LLC
through Bardon-Chinese Media Agency
ALL RIGHTS RESERVED

中国青年出版社 出版 发行
社址：北京东四12条21号 邮政编码：100708
网址：http://www.cyp.com.cn
责任编辑：刘霜Liushuangcyp@163.com
编辑部电话：（010）57350508
发行部电话：（010）57350370
北京中科印刷有限公司印刷 新华书店经销
880×1230 1/32 10印张 195千字
2022年3月北京第1版 2022年3月第1次印刷
定价：68.00元

本图书如有任何印装质量问题，请与出版部联系调换
联系电话：（010）57350337